高等职业学校"十四五"规划酒店管理
与数字化运营专业新形态系列教材

民宿概论

MINSU GAILUN

主　编：马进峰　李文举
副主编：梁　曦　李小宁
　　　　张晓军　刘　杰

华中科技大学出版社
http://press.hust.edu.cn
中国·武汉

内容简介

本书根据民宿行业发展特征，以使学生了解现代化民宿行业为导向，按照内容前沿性、方法创新性、案例鲜活性和创业指导性的原则进行编写。书中以理论、方法和技术为主要内容，详细阐述了民宿基础、民宿设计、民宿开办、民宿产品、民宿服务、民宿管理、民宿运营营销等知识。项目均设定了对应的教学目标，并包含项目描述、项目目标、知识导图、学习重点、项目导入、同步案例、思政园地、项目小结、项目训练等多项教学内容，帮助教师以多种形式开展教学活动和对学生进行能力训练。

本书适合旅游本科、高职院校民宿管理及酒店管理专业教学，也可作为民宿从业人员的培训教材和自学参考书。

图书在版编目（CIP）数据

民宿概论/马进峰，李文举主编．—武汉：华中科技大学出版社，2023.9
ISBN 978-7-5772-0037-8

Ⅰ．①民… Ⅱ．①马… ②李… Ⅲ．①旅馆－经营管理－概论 Ⅳ．①F719.2

中国国家版本馆CIP数据核字（2023）第174778号

民宿概论
Minsu Gailun

马进峰　李文举　主编

策划编辑：李家乐
责任编辑：洪美员
封面设计：原色设计
责任校对：刘　竣
责任监印：周治超
出版发行：华中科技大学出版社（中国·武汉）　　电话：（027）81321913
　　　　　武汉市东湖新技术开发区华工科技园　　邮编：430223
录　　排：孙雅丽
印　　刷：武汉市籍缘印刷厂
开　　本：787mm×1092mm　1/16
印　　张：12.75
字　　数：280千字
版　　次：2023年9月第1版第1次印刷
定　　价：49.90元

本书若有印装质量问题，请向出版社营销中心调换
全国免费服务热线：400-6679-118　竭诚为您服务
版权所有　侵权必究

近年来,随着乡村振兴、文旅融合的兴起,民宿业呈现出迅猛发展势头,民宿数量、从业人数、经济效益呈逐年增长趋势,并且对国民经济、乡村振兴、人员就业等方面发挥着独特作用。

特别是党的二十大后,民宿业迎来新一轮发展机遇。党的二十大报告明确指出,"全面推进乡村振兴""扎实推动乡村产业、人才、文化、生态、组织振兴""坚持以文塑旅、以旅彰文,推进文化和旅游深度融合发展"。2023年开年,中央一号文件发布,明确提出在促进乡村产业高质量发展中"推动乡村民宿提质升级"的要求,这些为民宿的持续快速、健康、高质量发展奠定了坚实的政策和导向基础。

目前,越来越多的本科高校、职业院校开设民宿专业课程,越来越多的学生对从事民宿行业、创业民宿表现出极大兴趣,国家及地方也本着扶创业、稳就业的原则,鼓励民宿业健康发展和提升质量,并拿出专项资金对民宿行业进行扶持和资助,加大培训力度。

推出本书的目的,一是解决高校旅游院系拟开设民宿专业,但缺乏权威、专业的民宿教材的困境,为新时代旅游业创新转型、培养高校应用型人才助力;二是试图解决行业缺乏专业性的培训教材及培训内容的困境,为广大教师、民宿业从业人员提供智力支持,助力社会专业性人才培养。

本书的特点主要有以下几方面:

一是在编写者方面,既有理论与实践于一身、从事教育又创办过民宿的学者、国家民宿行业标准制定者,又有民宿行业协会、民宿培训机构负责人,在业内资源丰富,知名度高,享有盛誉;二是在内容方面,既有基础的理论知识,又有从民宿策划到诞生,再到运营的全方位体系架构,还有最新民宿案例,富于创新性和指导性。

本书根据本科高校、职业院校学生特点,创新教材形态,既有理论知识、同步案例,又有知识活页、微课视频,教师可开展项目教学、情境教学、模块化教学,推动实用性与教育性深度融合,提高课堂教学质量。

本书由威海职业学院马进峰副教授负责统稿,四川旅游学院希尔顿酒店管理学院李文举博士负责制定大纲体例。编写团队各成员分工合作,其中,项目一"民宿概述"由李小宁负责;项目二"民宿调研与设计"由李文举负责;项目三"民宿的设立"由梁曦负责;项目四"民宿产品开发"由刘杰负责;项目五"民宿服务"由李小宁负责;项目六"民宿日常管理"由马进峰负责;项目七"民宿营销与推广"由梁曦负责,张晓军提供了部分行业资料。本书的顺利完成要特别感谢华中科技大学出版社李家乐编辑。正是由于全体编写人员的共同努力以及诸多教师和专业人士的支持,本书才得以顺利付梓。

最后,需要特别指出的是,本书虽然对民宿行业筹建、设计、运营等环节进行了系统梳理,突出了"以市场为基点,以实用为导向"的特点,倡导场景化、实用性,但由于民宿行业发展迅猛,各种业态、模式迭代频繁,民宿市场环境和各环节不断发生变化,其理念和方法几乎每年都会有新的动向,这是教材出版无法同步的。在实际教学中,教师还需要不断根据新趋势、新变化、新特点,不断完善教学资源,及时更新实训任务。

由于编写团队水平有限,书中不完善之处在所难免,恳请广大读者批评指正。欢迎联系本书主编马进峰副教授(maryma1972@126.com)和李文举博士(heraldlee@126.com)。

编者
2023 年 8 月

目录 MULU

项目一 民宿概述   001

任务一　民宿定义与功能   004
任务二　民宿的起源与发展   008
任务三　民宿的类型   015
任务四　民宿的特征与发展模式   019

项目二 民宿调研与设计   024

任务一　民宿选址   027
任务二　民宿调研   029
任务三　民宿定位   034
任务四　民宿设计   038
任务五　开业筹备   052

项目三 民宿的设立   059

任务一　民宿的组织结构   061
任务二　民宿的岗位设置与职责   066
任务三　民宿的人员配备及安排   072
任务四　民宿的团队培养与建设   075

项目四　民宿产品开发　　　　　　　　　　　　　084

任务一　民宿产品的概念与构成　　　　　087
任务二　民宿产品组合与策略选择　　　　090
任务三　民宿新产品开发　　　　　　　　092

项目五　民宿服务　　　　　　　　　　　　　　100

任务一　民宿前台服务　　　　　　　　　103
任务二　民宿客房服务　　　　　　　　　109
任务三　民宿餐饮服务　　　　　　　　　117
任务四　其他服务　　　　　　　　　　　122

项目六　民宿日常管理　　　　　　　　　　　　128

任务一　民宿服务质量管理　　　　　　　130
任务二　清洁保养管理　　　　　　　　　135
任务三　民宿安全管理　　　　　　　　　140
任务四　成本管理　　　　　　　　　　　150

项目七　民宿营销与推广　　　　　　　　　　　157

任务一　民宿产品定价　　　　　　　　　160
任务二　民宿品牌建设　　　　　　　　　164
任务三　自媒体平台推广　　　　　　　　173
任务四　线上平台推广　　　　　　　　　179
任务五　KOL营销　　　　　　　　　　　183

参考文献　　　　　　　　　　　　　　　　191

二维码资源目录

二维码对应资源	项目	页码
微课:民宿与酒店的区别	一	006
知识活页:不同类型民宿的选址要求	二	029
微课:民宿设计	二	038
知识活页:乡村民宿筹建规划的原则	二	052
知识活页:特色民宿名赏析	二	052
微课:民宿筹备和运营	二	055
微课:民宿服务与特色活动	五	122
微课:民宿管家	五	126
知识活页:民宿安全基本要求	六	145
知识活页:民宿成本的构成	六	154
知识活页:饭店客房收益管理中的动态定价法	七	164
微课:民宿营销	七	173

项目一
民宿概述

 项目描述

近年来,民宿作为非标准型住宿业态,呈现井喷式增长。民宿不仅仅是一个住宿的地方,更是一个诗和远方的"微型"旅游目的地。民宿因具备丰富的主题文化内涵、个性化的服务、优美的环境,恰恰符合了旅游消费市场个性化体验的消费需求。民宿的定义、起源和发展、特点、发展模式是本项目深入探讨的主要问题,通过对以上问题的探讨,旨在让学生对民宿有一个基本的认识和了解。

 **项目目标**

知识目标

1. 掌握民宿的定义及功能。
2. 了解不同国家民宿的发展历程。
3. 掌握民宿的特征及类型。
4. 了解民宿的不同发展模式。

能力目标

1. 能够区别民宿和其他的住宿业态。
2. 能够识别某一民宿的类型。
3. 能够总结某一民宿的发展模式。

素质目标

1. 培养学生对民宿行业的热情和认同感。
2. 培养学生创新创业的意识,激发创新创业的动力。

知识导图

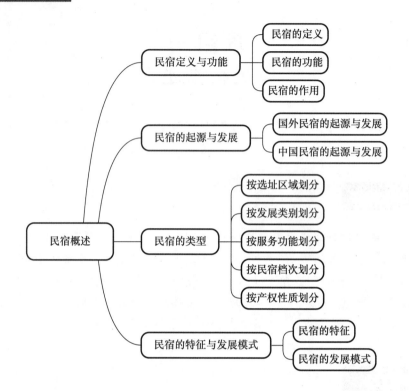

 学习重点

1. 民宿的定义及功能。
2. 中国民宿的发展历程及趋势。
3. 民宿的特征及类型。
4. 民宿的发展模式。

 项目导入

民宿集群发展样本——乌镇西栅民宿

乌镇西栅民宿位于中国首批十大历史文化名镇——乌镇。乌镇民宿沿西市河蜿蜒而布，或面水，或临街，由乌镇具有百年历史的民居改建而成，出门即可跨入延绵的西栅老街，推窗即可饱览两岸河水秀色。目前有500多间（套）客房，形式多样，总共房型70多种，每间客房都配有现代化的生活设施，有标准双人房、大床房、三人间、家庭房、自助房等，每栋民宿房间数从三四个到十几个不等。

清一色的灰墙黛瓦、染布、石料、砖瓦、木窗、木雕、匾额、家具等老式元素。客房里有独立卫浴、分体式空调、家用热水器、卫浴用品、电话、直饮水、保险箱、磁卡门锁、卫星电视、Wi-Fi、免费瓶装水等。

除早餐外,客人午餐和晚餐都可以在民宿里点当地土菜,每一家的菜单略有不同,手艺也不同。每家民宿不论场地大小,一般只能同时接待2桌客人,这样既保证了服务质量,又能保证客人如同在自己家吃饭的悠闲气氛。同时,管理部门还统一标识了菜品的价格与分量,绝对明码实价。

西栅民宿产权归景区所有,由景区统一管理与预订,景区雇用房东分散经营,雇用的房东必须符合以下要求:当地居民、会做菜、没有犯罪记录。景区不再另付工资,居民的收入仅为每顿两桌的餐费,且菜钱由房东自己支付。

由于乌镇西栅民宿由景区统一管理,对客人所提供的服务更加专业,提供统一可衡量的标准,有效的品质保证,使整个民宿的经营科学化、规范化。同时,也满足了客人的个性化需求。一间间古木生香的民宿临街而立,布置朴实而又高雅,水阁上的客厅、临水的卧室、整洁的厨房、洁净的盥洗室等一应齐全,给游客如在自家的温馨和自在。在这里,游客可以选择临窗依水静静地观景看水,可以在水上阁楼默默地喝茶阅读,可以按照自己的饮食习惯点菜,可以与房东一起买菜烹饪,也可以与房东唠唠家常……乌镇的美,在小桥,在流水,更在人家,西栅民宿将这种唯美的诗境诠释得淋漓尽致。

乌镇西栅民宿的客房及抱腌太湖白水鱼如图1-1、图1-2所示。

图1-1 乌镇西栅民宿的客房

图1-2 乌镇西栅民宿的抱腌太湖白水鱼

思考:

1. 乌镇西栅民宿为什么会取得成功?
2. 结合乌镇西栅民宿的发展,想想中国民宿未来的发展趋势是什么?
3. 乌镇西栅民宿的运营模式是什么?

民宿概论

任务一　民宿定义与功能

随着国民经济的增长、消费市场的迭代、休闲时代的发展,民宿作为一种体验城乡美好生活的住宿新业态,正在向"微型"旅游目的地转变,深受广大消费者喜爱,成为乡村旅游的重要内容和新热点,正在吸引着学界、产界、政界的广泛关注。

一、民宿的定义

对于民宿的定义,国内外的研究颇多,因各国环境与文化生活的差异,到目前为止,对于民宿及其相关概念始终没有清晰、统一的说法。常见的术语包括英国的"B&B"(Bed and Breakfast)、美国的"Home Stay"或"Inn"、北欧的"Hostel",以及德国的"Pensionen Gasthasuser, Fredenziimuser"等。国内称之为"民宿",是日语中"Minshuku"的音译。我国民宿起源于台湾地区,因此较早引入了民宿概念。《民宿管理办法》规定,"民宿,是指利用自用的住宅空闲房间,结合当地人文、自然景观、生态、环境资源及农林渔牧生产活动,以家庭副业方式经营,提供乡野生活之住宿处所",这一概念得到了众多学者认可,并被大量引用。与此同时,该办法还规定,合法民宿的房间数最少5间,最多15间。由此,我国广泛出现了以农家乐、客栈和家庭旅馆为主的民宿形态。但是,民宿概念边界模糊,无形中扩大了行业的边界,因此导致行业监管难以到位,市场认知混乱,民宿产业质量参差不齐。国家和行业为了进一步规范和引导民宿产业发展,相继出台了一系列标准和规范。

2017年8月,国家旅游局(现文化和旅游部)出台了《旅游民宿基本要求与评价》(LB/T 065—2017),指出该标准的范围为:适用于正式营业的小型旅游住宿设施,包括但不限于客栈、庄园、宅院、驿站、山庄等。该标准给出的旅游民宿定义为:利用当地闲置资源,民宿主人参与接待,为游客提供体验当地自然、文化与生产生活方式的小型住宿设施。同时,该标准将旅游民宿分为二个等级:金宿级、银宿级。金宿级为高等级,银宿级为普通等级。该标准的出台意味着民宿迈入了规范化的发展时代。

2019年7月,文化和旅游部发布《旅游民宿基本要求与评价》(LB/T 065—2019),该标准替代2017年由原国家旅游局发布的《旅游民宿基本要求与评价》,新标准对于旅游民宿来说意义重大。该标准确立了未来民宿建立评星机制,将旅游民宿由金宿、银宿两个等级修改为三星级、四星级、五星级3个等级。该标准中指出:旅游民宿是利用当地民居等相关闲置资源,经营用客房不超过4层、建筑面积不超过800㎡,主人参与接待,为游客提供体验当地自然、文化与生产生活方式的小型住宿设施。

2022年7月,文化和旅游部、公安部等十部委联合出台《关于促进乡村民宿高质量发展的指导意见》(简称《意见》),指出乡村民宿是指利用乡村民居等相关资源,主人参与经营服务,为游客提供体验当地自然、文化与生产生活方式的小型住宿设施。该《意见》是近年来国家层面首个乡村民宿领域宏观性、指导性政策文件,将向行业和社会释放鼓励支持乡村民宿发展的积极信号,这与当下国家的乡村振兴战略有着密切的关系。

2022年7月,国家市场监督管理总局和国家标准化管理委员会联合发布国家标准《旅游民宿基本要求与等级划分》(GB/T 41648—2022),标志着《旅游民宿基本要求与等级划分》由行业标准上升为国家标准。国标指出:旅游民宿是利用当地民居等相关闲置资源,主人参与接待,为游客提供体验当地自然、文化与生产生活方式的小型住宿设施。该标准对等级划分要求更加明确,其中丙级为普通型民宿、乙级为品质型民宿、甲级为标杆型民宿。

近年,随着民宿经营内容和形式的不断创新,民宿在文化旅游供给侧结构性改革和推动乡村产业兴旺、农民增收致富方面发挥越来越重要的作用。国家相关部门多次对《旅游民宿基本要求与等级划分》的修订,进一步统一了民宿的定义、规模、等级、类别和评价标准,意味着民宿的管理制度更加完善和规范。本标准为民宿管理部门和经营者提供了规范的、可参照的依据,对规范行业发展具有重要意义。同时,为旅游度假市场提供了有效的消费指引,填补了旅游领域现行国家标准的空白。标准推广实施将进一步规范管理、提升品质、维护消费者合法权益,促进民宿行业的高质量发展。

结合《旅游民宿基本要求与等级划分》的不断修订和完善,民宿在界定时需要注意以下几点。

一是民宿之所以称为民宿,重点体现在"民"和"宿"。其中,"民"表现为发展民宿的载体是利用民宅民房民居,经过设计、改造成为接待旅客的场所。在这里,强调利用自有或租赁的民居进行经营,与酒店、商业用房的旅馆业相区别,并且是居民进行经营,是住宿接待业中的特色行业,发挥与酒店类似的功能,但更加强调个性化和在地性。"宿"体现在民宿的基本功能是住宿,在此基础上附加其他的餐饮、休闲、度假的功能,单一餐饮功能的农家乐就不属于民宿的范畴。

二是从民宿的规模来看,2017版《旅游民宿基本要求与等级划分》行业标准定义中对民宿的具体规模没有涉及,但在定义中依旧表明是小型住宿设施;2019版《旅游民宿基本要求与等级划分》行业标准定义中增加了"经营用客房不超过4层、建筑面积不超过800 m^2",2022版国家标准定义中不再阐述具体的规模,但在定义中依旧表明是小型住宿设施。可见国家鼓励民宿多元化、包容性发展,在现行法规下把旅游民宿的边界定得尽可能宽泛,留足发展空间。但与其他住宿业态相比较,总体上民宿的规模比较小。

事实上,对民宿房间数量的规定多见于政府对民宿的管理,因为民宿房间数量的扩大是民宿规模化经营的一个重要表现,在某种程度上可以表现民宿的商业化程度。由于民宿类型的多样性,单纯把民宿房间数量用于民宿概念衡量意义有限,民宿房间数量只能作为评定不同民宿规模的一个标准,甚至可以用来评估民宿商业化的程度,区分专职民宿业主和兼职民宿业主,但是用规模作为民宿概念的内涵,显然有局限性。

三是从民宿的分布空间来看,乡村是民宿的主要阵地,这与现在乡村人口大量涌向城市,农村大量的闲置房屋和自然资源,城市人民对简单、慢节奏、平静的乡村生活向往有密切的联系。近年来,城市民宿渐火,在许多城市中心、古城、古镇、古街出现了各种设计风格的城市民宿,这类城市民宿也属于民宿的范畴,本质上是利用城市里的闲置房屋进行经营的民宿。

综上所述,本书对民宿的定义采用2022年国家市场监督管理总局和国家标准化管理委员会联合发布的国家标准《旅游民宿基本要求与等级划分》(GB/T 41648—2022)中的定义:旅游民宿是利用当地民居等相关闲置资源,主人参与接待,为游客提供体验当地自然、文化与生产生活方式的小型住宿设施。

二、民宿的功能

(一)住宿功能

住宿功能是民宿最基本的功能,民宿与酒店都承担着客人在外的住宿需求,但与酒店住宿不同的是,民宿的意义是基于住宿功能的住宿体验,是妥善解决住宿问题这一基础上的旅游体验与享受,是把住宿功能变成旅游体验本身。

(二)餐饮功能

餐饮是民宿服务的重要组成部分。通常,民宿会提供自助早餐、套餐、小吃、茶水,一些民宿以新鲜美食、现场加工为主打特色,甚至还提供咖啡、现榨果汁等产品,个别民宿还根据客人的需求提供定制化餐饮产品。

(三)特色功能

民宿不仅只是民宿,更是消费者体验当地文化、生活方式的窗口,民宿要向消费者传达生活理念和生活状态,拓展更多的消费场景,民宿越发向"微度假目的地"靠拢,并由此发挥出强大的"旅游活化器"作用。因此,民宿还发挥着观光、休闲度假等特色功能。如近些年来,"民宿+文创""民宿+滑雪""民宿+康养"等业态已成为新生力量。民宿经营者还可以带领游客体验各种艺术品制作活动,如雕刻、绘画、天灯、果冻、蜡烛等体验活动,带游客参观游览观光果园、菜园、茶园等农村景观,体验农业生产方面的活动,使游客心情愉悦、精神放松、身体舒畅。

莫干山居图——中国首家图书馆民宿

莫干山居图,是中国首家图书馆民宿,地处浙江省湖州市德清县境内莫干山脚下的庙前村。"民宿不同于酒店,游客的入住体验不仅来自美食、美景和服务,还有精神层面的享受,既可以是当地的人文风物,也可以是民宿主人的兴趣爱好甚至经历感悟。"莫干山居图的主人朱锦东是一名文学爱好者,原先从事出版行业,十年前租下庙前村的老旧礼堂准备开民宿时,就意识到了这一点,于是将之打造成图书馆民宿,在山野间开辟出一方追求"诗和远方"的天地。民宿的设施非常完善,室内有近500平米的活动大厅,有宽16米、高12米的巨大书架,拥有万卷藏书,是"满香书屋"的图书馆,大堂里有气宇轩昂的书法作品。除了图书馆,民宿里还有西餐厅、制陶吧、酒吧、台球室、户外泳池,如果喜欢,还可以在这里体验书法、围棋等方面的活动。

莫干山居图的图书馆及客房如图1-3、图1-4所示。

图1-3　莫干山居图的图书馆

图1-4　莫干山居图的客房

三、民宿的作用

我国民宿业迅猛崛起,不论是增长速度,还是总体数量都带有明显的中国特色,具有重要的现实意义。这些意义在相当程度上已大大超出了住宿业和旅游业自身,正在逐步向四周辐射和发散。

(一)加快了旅游住宿业中国化进程

我国旅游住宿业经过30多年的不断发展,已经与国际市场接轨,成功地引进和贯彻了星级饭店标准,其重要性和进步性不言而喻。有的星级酒店在产品、设计、服务中多少融入了中国文化元素,但整体上来看都是现代旅游业的工业化、标准化产品,属于西式的舶来品范畴。在中国的传统文化里,理想的居住之所不应该只有住宿功能,还应该从建筑外表、结构、功能、装饰、服务等方面,凸显住宿地的文化内涵。当前,我国民宿尤其是较高档次有品位的民宿,在旅游住宿文化的本土化、民族化、个性化上迈出了可喜的一步,让国人从民宿中找到了传统文化、历史文化、地域文化、民族文化。越来越多的国内外旅游者觉得,富有特色的民宿并不比星级饭店差,他们喜欢选择在民宿居住;越是富有文化特色的民宿越受游客青睐,越能实现产品溢价,反过来又推动了住宿业的中国特色化进程。这既是文化自信的彰显,也是旅游产业自信的回归。

(二)促进乡村建设,带动乡村全面发展

乡村民宿成为越来越多游客的选择,相比提供标准服务的酒店,民宿不仅装修更

有特色、餐饮更加地道,还更贴近农村生活、方便感受当地文化。民宿的繁荣给农村带来了巨大的改变,盘活了农村的闲置资源,促进了乡村环境的改善,传播了乡土文化,使民宿与地区之间不断融合发展。因此,民宿是乡村旅游的重要组成部分,是带动乡村经济增长的重要动力,是助力全面推进乡村振兴的重要抓手。

(三) 促进城乡融合发展

中国长期实行的城乡二元制管理体制,随着时代的发展,导致城乡贫富分化各种矛盾日益严重,现在国家通过各种政策促进城乡融合发展。民宿主要分布在乡村或者城市的郊区,经营人员和从业人员绝大部分都是来自农村。明显提升农民参与旅游经营的深度与广度,让农民直接面对客源市场,学习和从事宣传营销、接待服务、餐饮烹饪、经营管理,在这个过程中深入地接触了外面世界,使其实现了从传统农民向现代服务业者的转变,主动走入了与现代服务业相融合的发展轨道。民宿消费者则主要来自城市居民,民宿旅游就是城市人们用货币向乡村购买物质产品和服务的过程,可以刺激和带动乡村经济的发展,这也是城市人们和乡村人们互相融合、互相影响的过程,从而缩小了城乡差距。

(四) 促进相关劳动力就业

民宿业作为第三产业的重要组成部分,是典型的劳动密集型行业,为社会提供了大量的工作岗位,如直接相关的客房服务、客房保洁、餐饮服务等,还有间接相关的如洗涤、设计、餐具生产等岗位,在解决我国大量剩余劳动力方面发挥着巨大的作用,尤其是为广大农村和尚不具备技术专长及经验的人员提供了就业机会。

任务二　民宿的起源与发展

一、国外民宿的起源与发展

(一) 英国民宿的起源与发展

英国是民宿的"鼻祖"。在英国,民宿被称为"B&B"(Bed and Breakfast),意思是提供早餐与床铺的住宿设施,英国人骄傲地称自己是民宿这种短租住宿方式的创造者。约公元43年至410年,英国人就开始经营民宿,当时主要是为旅行的罗马帝国官兵提供"廉价又欢快"的住宿场所——民宿。后来在很长一段时期内,英国各地的修道院成为民宿的主要经营者,为旅行者提供了很大的便利。

20世纪60年代初期,英国的西南部与中部人口较稀疏的农家,为了增加家庭收入,开始利用自家闲置的房屋进行家庭式住宿接待,为来当地旅游或者其他活动的旅客提供早餐与床铺,而且民宿主人还带领旅客采摘农产品、喂食牛羊,游览乡村的美景,这就是英国最早的民宿。之后B&B热潮从伦敦周边逐渐向西南部及中部蔓延。20世纪70年代后期,民宿经营的范围延伸至露营地、度假平房(Flat),这些民宿的经营者联合起来进行营销,和当地的农家组成自治会,共同推动民宿的发展,一时成为热门的游客观光模式。

与此同时,英国政府出台了一系列政策法规引导民宿规范发展,主要从消防设施、室内改装之许可、食品卫生查核、税额标准等方面加以规范。如1968年颁布的 *Countryside Act*,强调地主有义务维持密集的田埂及骑马道(英国农业历史的遗产)的现状,并规定不得加以破坏;同时,英国政府对农家民宿设施实行分级认证,共分为四级,依序为登录(Listed)、1冠(1-Crown)、2冠(2-Crown)及3冠(3-Crown)。这种分级制度初期是从硬件条件来评分认定,近几年来则侧重于软件,包括地毯质地、窗帘及房间色调、起居室空间、服务等评分来界定等级,并且对从事民宿经营者给予辅导,可见英国政府对观光发展与民宿推行的重视程度。其目的就是要保障消费者的权益,并提升民宿的水平。

1983年,在农业主管主体和政府观光局的支持下,民间自发成立"农场假日协会",其会员必须是向农渔粮食部登记在案的农场经营者或经营农家住宿设施向协会登记且具有一定服务质量水平者。

B&B是英国一种传统的旅馆经营方式。和酒店相比,B&B具有明显的价格优势,提供的服务和设施有限,但是对广大的普通老百姓来说还是很有吸引力的。英国夏季的旅游者中,多数人会选择B&B这种住宿方式。英国民宿的住宿评分一直比旅馆酒店业高15%。据统计,目前英国民宿数量达到25000家左右,提供的床位数量占全国住宿服务行业的1/5,每年创收大约20亿英镑。与中国国内近几年蓬勃发展的民宿相比,英国的民宿绝大多数规模较小,往往是经营者拿出自己个人住房的几个房间来接待客人,经营者自己也住民宿。民宿业已成为支撑英国旅游业的重要部分,同时民宿在传播英国文化方面发挥着巨大作用,这种旅行住宿方式成为英国旅游业名副其实的"国家名片"。

(二)法国民宿的起源与发展

第二次世界大战后,法国百废待兴,农村人口急速迁移到城市,空留许多农舍,法国政府为了更好地保护历史文物古迹和原始的农家生态文化,鼓励当地人们保持古农庄的独特建筑风貌,利用闲置房屋接待度假旅客。

法国民宿起源于简单的小农庄接待。1951年,法国第一个农村民宿开始经营。1952年,法国政府向经营民宿的农民提供补助,同时各大银行也提供优惠贷款。1955年,法国成立了民宿联合会,协会印发的民宿指南共收录了146个民宿。法国民宿经过不断发展,民宿形态呈多元化,既有依托农庄而建的乡村民宿,还有紧邻城市中心的复古阁楼,甚至还有文艺复兴时期的文艺古堡。通过一栋栋居家风格迥异的民宿,游客能很好地感受并融入周围的产业环境,领略当地历史风貌与现代产业文化相结合的魅力。

法国政府对民宿的经营规模、安全规范及食品标准都有着严格的规范,并成立了民宿联盟对民宿的经营、建设予以指导和支持。法国民宿实行等级制度,民宿联盟(协会)会依据标准,对民宿的服务质量、住宿环境、舒适度、基础设施及卫生设施设备情况等项目进行综合分析后划分等级,以法国乡村常见的麦穗枝数来表示,从一枝到最高的五枝,麦穗数目越多,该民宿的综合条件越好。但由于民宿定价自由,由经营者自行根据等级、季节、气候和地区的影响来进行定价,所以麦穗的数量并不直接决定民宿的价格。

2000年以后,法国政府对民宿法进行修订,限定民宿房间最多不能超过5间,超过5间的称之为"旅馆"。法国民宿的计价方式分为按天计价和按周计价两种,前者称之为"Chamber",后者称之为"Gite"。目前,法国民宿呈现出了多元化的发展趋势,从功能来看,民宿已经不仅仅具备居住和饮食功能,养生SPA、瑜伽等产业也正在向民宿靠拢;从住所来看,有野生帐篷,有高山上的避难场所,有孤岛上的独木屋等,地域风格丰富。

(三)日本民宿的起源与发展

作为亚洲民宿的"鼻祖",日本民宿以干净、舒适、配套设施好、服务周到、安全、文化主题鲜明等著称。日本民宿主要分为和式民宿与西式民宿:和式民宿有传统的榻榻米,这类民宿常设在自然资源较丰富的地区,如温泉资源丰富的本州地区;西式民宿多设在大城市距离旅游景点较近的地方,供游客短期租住使用。日本和式民宿因其独特的人文特色,本身就成了一种景点。

日本的民宿历史由来已久,其起源可以追溯到1937年。长野县白马地区的16家以做登山向导为生的人家通过当地警方的许可,为滑雪者提供住宿,这就是日本民宿的雏形。之后又在沿海城市出现了家庭旅馆形式的民宿。第二次世界大战期间,日本民宿发展停滞,直到20世纪五六十年代,随着经济的复苏,日本人消费能力的恢复,日本民宿真正兴起并迅猛发展。1960年后,日本经济进入高速发展期,经济的繁荣带动了本国旅游业的发展,高峰时曾达2万多家。但这种发展延续了30年后,到20世纪90年代,日本经济泡沫破灭,随着经济的持续衰退,以日本国内人群为主要客源的旅游业首先受挫,民宿业也随之没落,再次进入发展的停滞期。

进入21世纪,从泡沫经济中逐渐走出来的日本,把发展旅游业的目光转向国外,并在2003年提出了"观光立国"的政策,大力吸引外国游客访日,让民宿业再现生机。为了让民宿业更规范地发展,日本政府制定了《住宅宿泊事业法》(2018年6月实施),在法律层面承认民宿经营合法化。日本民宿相关法律法规的完善,是推动其发展的重要举措。很多旅行者对选择民宿的顾虑,就集中在其安全性、规范性。法律的出台,要求即使是偏远地区的简易民宿,都要采取许可制,取得执照后才能经营。这一要求,虽然提高了民宿经营的门槛,但让日本民宿不再是"黑民宿",从长远看,促进了民宿业的发展。经过半个多世纪的努力,日本民宿已完成了向专业化经营的转变,成为一个较成熟的行业,吸引了越来越多的人进入民宿领域发展。

二、中国民宿的起源与发展

(一)中国台湾地区民宿的起源与发展

中国台湾地区的民宿最早可以溯源到1981年左右,经过几十年的发展后,台湾民宿业已发展为独立产业,体系已趋于成熟,带动周边餐饮、娱乐、文创、休闲农业等产业协同发展。台湾民宿发展大致经历了四个阶段。

1. 萌芽期(1991—1989年)

台湾的垦丁国家公园附近由于游客的爆发性增长,饭店旅馆住宿供不应求且缺乏服务,该时期的居民就将自己住宅中多余房间整修后提供给旅游旺季时的游客,以获得额外收益,台湾的民宿就此开始发展。初期,它只是一种简单的住宿形态,没有导览和餐饮服务。

2. 扩展期(1989—2001年)

这一时期,为解决农业人口大量外移带来的农业经营问题,当地政府提出了休闲农业发展计划,并于1991年出台了《农业综合调整方案》,进一步明确发展农业休闲旅游,使当地民宿业进入了供给迅速扩展时期。从此,民宿成为带动台湾乡村经济发展的重要推手。

3. 规范期(2001—2011年)

2001年,台湾颁布《民宿管理办法》,对民宿产业的合法化发展制定了基准规范。2007年以后,高山地区的休闲农场作为新的民宿发展形式得以推广,民宿数量快速增加,加上政府对山区居民生活住宿条件的改善,民宿越来越注意结合台湾各地区的风土人情和文化创意,向精致化、高端服务化方向发展,台湾民宿进入成熟发展阶段。

4. 成熟期(2011年至今)

根据台湾旅宿网数据(2020年2月),台湾地区现有合法民宿9101家,房间数38447间,遍及台湾各地,目前已形成一定规模,同时也具有明显的空间集聚特征。特别在休闲农业发展较好的区域,民宿业相对比较繁荣,这是由于两者是一种相互促进、共同发展的关系。此外,台湾民宿业还以自然风光、人文景观、农业特产区域为主要聚集空间,且在建筑风格上也以当地旧式建筑、坡地建筑等为主,极具当地风情,而这也是台湾旅游业能够吸引众多游客的主要原因之一。

(二)中国大陆地区民宿的起源与发展趋势

中国大陆地区的民宿始于20世纪80年代,经历了三大发展阶段,分别为以农家乐为主要特征的发展萌芽阶段(1.0时代),以产权和经营权分离、依赖"主人文化"的快速增长阶段(2.0时代),以及以高端化、专业化、品牌连锁化为特征,以民宿群落为主的品质提升阶段(3.0时代)。

1. 发展萌芽阶段(1984—2003年)

我国民宿起步于20世纪90年代初,最初的业态包括农家乐、客栈等形式,这是民宿行业的初始状态。关于我国大陆地区"农家乐"发源地的说法不一。流传较广的是四川成都一带兴起的"点杀村",为了接待到乡村郊野赏花看景的客人,有村民将自己房屋收拾一番,不仅可以短暂留宿,还能品尝地道的农家菜品。常见的点杀原料有鸡、兔和鱼,客人到鸡栏、兔笼、鱼池看中哪只(条),就叫老板捉来当场过秤宰杀,清洗干净,趁鲜烹饪上桌。差不多时间,与四川相距千里的上海崇明区前卫生态村则推出了"农家乐"休闲度假项目,以"吃农家饭、住农家屋、干农家活、享农家乐"为主题,项目深受都市游客的青睐。发展萌芽阶段,即1.0时代的民宿多是自发形成的,以乡村农家乐为主流,农民利用自家院落所形成的田园风光,对其房屋进行简单装修达到入住接待标准,一般没有高级奢华的设施,以低廉的价格吸引市民前来吃、住,经营方式相对较为粗放,主要以收取床位费为收入来源,房间数量较少,从业人员一般为房屋所有者、家人及雇佣的农村未就业人口,整体上来看从业人员素质偏低,旅游者追求的是淳朴的民风、独具特色的民宿文化。

中国第一家农家乐——郫县农科村的徐家大院如图1-5所示。

图1-5 中国第一家农家乐——郫县农科村的徐家大院

2. 快速增长阶段(2003—2016年)

21世纪初期,在热门旅游目的地和大城市周边出现了很多"农家乐"式的休闲农庄,游客可以欣赏当地乡野风景、品尝当地特色饮食和体验特色活动。民宿经过多年的发展,在硬件以及服务方面都有了很大程度的完善和提升,一些专业人士及民宿爱好者开始进行民宿投资,因此民宿经营出现了产权和经营权相分离的经营模式,服务人员素质得到了较大提高,销售方式日趋多元化。2012年后,中国旅游度假需求增长迅速,大众出行主体由商务出行转向个人旅游,对民宿等个体化主题酒店需求增加,国内民宿如雨后春笋般出现,尤其是2015年后莫干山民宿发展成为民宿行业的旗帜,80多家精品民宿聚集在浙江省莫干山。随后,莫干山的民宿效应在全国范围内被模仿,国内也掀起民宿热潮,资本和创业者不断涌入。从2016年开始,民宿搜索数量呈现井喷式增长,民宿行业正式进入2.0时代。

莫干山梵谷精品民宿外观及客房如图1-6、图1-7所示。

图 1-6　莫干山梵谷精品民宿外观

图 1-7　莫干山梵谷精品民宿客房

3. 品质提升阶段（2017 年至今）

从 2017 年开始，伴随千宿科技、千里走单骑、云舍等民宿品牌相继提出"民宿群落"概念，民宿行业正式进入 3.0 时代，民宿快速发展转型，民宿发展呈现高端化、专业化和品牌连锁化的发展趋势。2018 年，国内民宿行业整体经过深度调整，一大批低端民宿逐步被淘汰，大量的中高端民宿逐渐兴起。早期的民宿 3.0 是设计的百花齐放，从拼硬件到引入生活美学的概念，民宿行业已经开始注重内涵。而 3.0 后期，从单打独斗到田园综合体开发民宿，民宿发展和乡村振兴紧密融合在一起，它不再是就靠单一民宿去盈利，而是把整个村落和民宿完全打造在一起，依托的是产业链上的多个衍生环节。作为全域旅游的重要产品和乡村振兴的切入，无论对设计还是服务或是精神内涵都提出了更高的要求，民宿的"小而美"有了全新的定义，周边行业的对接、政府的关注、资本的进入、众筹的方式使民宿有了全新的发展格局。而高端设计师的进入，使民宿在精品小众路线上迅速发展。民宿由最开始的住宿设施，已演变为营造、展示、传递和分享自己所喜欢的生活方式、文化创意和情怀，成为一种度假生活方式。

(三)中国民宿的发展趋势

1. 规范化

2022年《旅游民宿基本要求与等级划分》(GB/T 41648—2022)国家标准的发布，表明国家对于民宿的发展越来越重视。在新发布的民宿标准中，对于消防、卫生等诸多方面均进行了详细规定，这使得个别民宿存在的问题得以整治和解决，这无疑为旅游民宿的发展提出了新的要求，也注入了新的活力。国标施行后，不仅民宿主人可以参照标准，建设和改造、经营和管理有地方特色的旅游民宿，消费者也可以根据标准区分好坏，根据等级划分条件评价旅游民宿。而评定出的等级旅游民宿也会为行业树立样板，带动更多民宿实现规范化、特色化发展。

2. 体验化

民宿的体验化主要表现在两个方面：一是民宿的建筑、外观、布景等外在基础上结合当地的自然、人文环境做一些特色，让游客置身于其中有区别于其他地方的体验；二是民宿在服务以及功能方面下功夫、做延伸，例如，可以在住宿体验的基础上，重点开发"民宿＋文旅/美食/玩乐/体验"等，将民宿产业供给和游客需求建立有效连接，通过"民宿＋采摘""民宿＋宠物""民宿＋剧本杀"等"民宿＋"体验，将自身打造成为微型度假场景，深化民宿与游客之间的链接，丰富游客的体验。

3. 品牌化

民宿产业朝着品牌化发展势不可挡。目前，民宿市场上已经涌现出一批民宿知名品牌，诸如裸心、山里寒舍、大乐之野、飞鸢集、西坡、山水间等，这些民宿通过高端的品质获得了消费者的好评与青睐。品牌化对民宿发展有诸多好处，因为民宿供应链很复杂、涉及环节多，单体民宿依靠个人力量无法获得供应的最低价格，并且质量很难获得保障，品牌连锁化以后，采购、人力、技术等环节成本得以下降，就可以整体降低民宿运营成本，并且还能保证最基本住宿功能的安全性、隐私性、舒适性、便捷性等。随着品牌影响力不断提升，还能降低民宿对营销渠道获客的依赖性，通过自身品牌建立起私域客流。

4. 集群化

相关研究显示，现在越来越多的地方民宿逐渐向集群化聚集发展，例如非常有名的黄河宿集，在前几年入住率逆势增长20％，宿集模式通过聚集多样的单体民宿，形成合力发展，可防止民宿业内卷，多元共生，并且还能共享各种基础设施以及公共服务配套，节约经营成本。此外，还能相互借力抱团营销，整体提升一个地方的民宿影响力，这与当下的乡村振兴、全域旅游、高质量发展政策的引导密切相关。2022年9月，山东省文化和旅游厅公布了2022年山东省旅游民宿集聚区名单，一共有16家单位入选，具体如表1-1所示。

表1-1 2022年山东省旅游民宿集聚区名单

序号	名称
1	九如山旅游民宿集聚区(济南市南部山区)
2	灵山岛旅游民宿集聚区(青岛市西海岸新区)
3	环鲁山旅游民宿集聚区(淄博市博山区)
4	养马岛旅游民宿集聚区(烟台市牟平区)
5	雲涧仙境旅游民宿集聚区(烟台市长岛海洋生态文明综合试验区)
6	仁河谷旅游民宿集聚区(潍坊市青州市)
7	等闲谷旅游民宿集聚区(济宁市泗水县)
8	福憩泰山旅游民宿集聚区(泰安市泰山区)
9	泰山·九女峰旅游民宿集聚区(泰安市岱岳区)
10	里口山旅游民宿集聚区(威海市环翠区)
11	天鹅海岸海草旅游民宿集聚区(威海市荣成市)
12	百果谷旅游民宿集聚区(日照市五莲县)
13	经山历海旅游民宿集聚区(日照市山海天旅游度假区)
14	院东头旅游民宿集聚区(临沂市沂水县)
15	桃墟里旅游民宿集聚区(临沂市蒙阴县)
16	蒙山·东蒙客旅游民宿集聚区(临沂市平邑县)

任务三 民宿的类型

民宿作为一种新的旅游住宿方式,它不仅可以满足基本的餐饮住宿、文化休闲需求,还能让游客与民宿主人有更深入的交流,获得新的体验与认知,形成新的人际关系。民宿在这些年得到了迅速的发展,涌现了各种建筑风格、设计式样、体验活动的民宿。为了更好地促进民宿的政策制定和经营发展,对民宿进行分类具有重要意义。中国有大量的民宿,其在地理位置、建筑风格、市场定位、运营方式、经营特色方面也存在一定的相同性和差异性,按照不同的分类标准,有不同类型的民宿。

一、按选址区域划分

(一) 城市民宿

城市民宿坐落在城区,它可以是城中的古民居,也可以是城市居民利用自家空余房以家庭副业的情况的形式对外接待客人的民房,多以公寓大楼式的形式呈现,以现代风格的建筑为特色。城市民宿作为共享经济下的产物,一方面,国家在政策层面给予支持,2016年国家发改委、中宣部、科技部等部门联合出台了《关于促进绿色消费的指导意见》,意见提出持续发展共享经济,鼓励个人闲置资源有效利用,有序发展民宿出租等。另一方面,美团、携程、Airbnb、小猪短租、途家、飞猪、木鸟等多家民宿直销平台的崛起。近些年来,城市民宿的发展速度惊人,据统计,2022年全国在线民宿交易规模超200亿元,城市民宿呈现出数量多、分布分散、个体经营为主的特点。

(二) 乡村民宿

乡村民宿,顾名思义是指在乡村建立的具有乡村特色的房屋,可以是农民自用的,也可以是空闲房屋,这类民宿通常具有独立的庭院和广阔的活动空间。乡村民宿具备旅游产品的属性,作为集住宿、赏景、在地文化体验等综合功能的非标准住宿产品,是旅游产品的其中一种。其主要特色还是结合了当地的人文、生活资源以及自然环境,根据民宿主人独特的构思设计出来的,提供给人们体验乡村生活、餐饮的一种独特的经营生活方式。但是,乡村民宿不只是简单的"住宿+餐饮",更多的是利用到当地的生态旅游资源。总的说来,乡村民宿就是乡野间的微型旅馆、度假归隐的目的地。

二、按发展类别划分

(一) 传统民宿

传统民宿往往依托民间百姓的民居为基础改造而成,这类民宿在整体外观上基本保留民居的原貌,内部进行适当的改造装修。这类民宿一般具有较长的历史年限,是当地建筑风格和文化遗存的典型代表,具有一定的历史文化价值和研究价值,是民宿中的主要组成部分。这类民宿的特点是原始、朴实、真实,典型的代表是金门古厝民宿。金门国家公园管理处积极推动古厝修复及活化再利用,很多传统古厝被用来经营民宿,民宿是金门的一大特色,住在百年闽南古厝或中西合璧的番仔楼,感受聚落文化,别有一番风味(见图1-8)。

图1-8 金门小两口民宿外观

（二）现代民宿

现代民宿以新建房屋为主，一般依照当地的建筑风格辟地新建，也可以移植域外名宅、名村，形成反差效应，增强吸引力。现在民宿的建筑风格多元化，有中式风、北欧风、现代工业风、田园风等。中式风格的民宿文化底蕴浓郁；北欧风格以白色或乳白色为主，再用亮丽物品点缀；日式风格的民宿素雅安静；田园风格的民宿体现大自然的气息；工业风格分为传统工业风和现代工业风；地中海风格增加了游泳池和绿植，以明亮色彩和个性为主。

三、按服务功能划分

（一）纯粹住宅型民宿

纯粹住宅型民宿是指仅提供住宿服务，其他服务很少涉及的民宿。此种类型的民宿往往临近大型知名景区、旅游综合功能区和城市中心，主要依托周边旅游景区的人气带动，民宿所在区域的旅游功能相对比较齐全，住宿以外的服务，如餐饮、娱乐，能够在区域内其他场所得到解决，其最大的特点就是交通方便、价格低廉、清爽干净等。

（二）特色服务型民宿

特色服务型民宿是指这类民宿除了提供住宿外，还能满足游客其他的服务需要，如餐饮、休闲、观光等需求。该类民宿本身就是旅游吸引物，除解决游客的吃住基本需求，本身还具有观光休闲养生等功能。民宿主人主要依托周围优美的自然环境、风土人情来设计体验活动，如农业体验型民宿，以农业生产活动为基础，开展农田采摘、采茶制茶、插秧等农业体验活动。这类民宿的典型代表是黄河宿集（见图1-9、图1-10），位于宁夏中卫市，汇集了西坡、大乐之野、飞鸟集等民宿，是中国第一个宿集，也是以沙漠为主题的自然度假目的地，成为宁夏近年来极具热度和风格的旅游新名片，2020年曾创下四个月满房的奇迹。黄河宿集通过复原200多年历史的大湾村，引入国内外顶级民宿、营地、餐饮、美术馆、书店、文创等生活方式品牌,并开创沙漠越野、定制野宴、史前遗迹探访等线路内容,构建了全新的西部深度旅行体验。游客在这里可以品美食、逛农场、观星宿、登长城,参与宿集开发的深度游线路,体验野奢旅行的乐趣。

图 1-9　黄河宿集营地　　　　　图 1-10　黄河宿集的户外活动

四、按民宿档次划分

(一) 一般民宿

这类民宿主要是以当地居民自有房屋开发的民宿,即传统民宿为主,其特点是原始、朴实、真实。原始指建筑最大可能地保持原始古老状态;朴实指对民宿的外观、内饰不做或少做改变,把民居的本来面貌展现给游客;真实指如实地展示建筑风貌、特色,如实地展示民宿主人原始的生活状态。这类民宿一般和周围环境保持一致,能够满足游客体验当地生活的诉求,一般价格相对较为便宜。

(二) 精品民宿

精品民宿从各个方面体现出民宿的精致性、舒服性,主要特点体现在设计精、用材精、特色精等方面。与一般民宿不同的是,精品民宿建筑本身就是一道靓丽的风景线,既有保留原建筑物外观特色的古建筑,又有具有现代风格的新建建筑,对民宿的内部装饰会相当讲究,从而体现出民宿独特的品位。精品民宿非常重视外观设计,按照现代人的生活需求进行设计,如精品民宿有非常个性的公共空间;在材料选择上精于考量,在用料上讲求高档;在主题打造上根据环境选择与之匹配的特色,体现当地的风俗,有文化底蕴;在服务上,给游客无微不至的关怀。精品民宿的美感度、舒适度、享受度甚至胜过高星级宾馆。精品民宿依托当地独特生态和独有的文化内涵,成为极具当地特色和文化的住宿产品,如浙江莫干山民宿就是这类民宿的典型代表。

(三) 潮流民宿

一般把根据异国异地、名村名镇建设的、恢复重建的古村古镇和主题主线清晰的民宿归类为潮流民宿。一方面,这类民宿具有鲜明的文化差异性,在民宿这个微型度假场景可以切身体验异地、异国的风情风貌;另一方面,这类民宿无论是在建筑上还是在文化上均具有完整的体系,潮流、时尚元素融入民宿中,让游客感受到"艺术就是生活,生活就是艺术",满足游客的审美、体验、社交的需求,这类民宿品质高、服务好、管理完善,往往是品位独特的年轻人追逐潮流的目的物。

五、按产权性质划分

(一)私有民宿

私有民宿是指民宿房屋的产权属于个体私人所有,其主体是大型的民居型民宿,这些民居的主人利用自家闲置房间,以家庭副业方式进行经营的小型住宿设施。民宿主人自主管理,自主经营、自负盈亏。

(二)集体所有民宿

集体所有民宿也分为几种。一种是产权为宗族、家族集体所有,如南方地区的深圳、惠州等地的客家围屋。这种围屋类型广,规模大,房间多,功能全,历史较为悠久,由于涉及的家庭多,一直没有进行产权的分割。用这种民居改造成的民宿,其所有权为家族集体所有,一般由家族组成理事会进行管理和经营。另一种是我国不少农村还保留了集体所有制的民居,用这种民居做成的民宿其产权仍归集体所有。

(三)社会民宿

社会民宿是指由外来投资者,如企业集团和私营业主等投资建设或者以租赁房屋的形式开展经营活动的民宿。这些私营业主多向往自由生活,近几年不乏大量的设计师投身民宿行业。企业集团投资修建或租赁的民宿一般规模较大,前期投入资金高,民宿的档次较高。

(四)国有民宿

国有民宿是近几年兴起的民宿类型。这类民宿主要是各级政府的国有企业收购或租赁某个地区的民居或新建成群的民居,然后进行集中打造,容易形成民宿集群。

任务四 民宿的特征与发展模式

相对于传统酒店而言,民宿是非标准化住宿的典型代表,是一种全新的生活方式,诠释的恰恰就是个性、自由、随性的生活态度,一千个民宿有一千个民宿的特色,民宿是一种生活体验一场主客交流及共有情怀的互动。

一、民宿的特征

（一）规模小

民宿的经营规模和传统的酒店相比，总体上来讲较小，主要表现在建筑体量小、房间数量少，如唐乡主题院落只有9间客房，莫干山叠云民宿只有3层8间客房。常见的民宿客房数量一般在5—10间房，毕竟民宿是从家庭接待演变而来，而且民宿的主人一般只有几个人，过多的房间管理较为困难。民宿比起酒店更加注重主客之间的情感交流，如果房间数量太多，主人必然难以有足够的精力和客人们交流互动，而一旦失去了这一点，民宿的真意也便失去了。在这里需要说明的是，虽然整体上来讲民宿的建筑体量较少，但民宿的公共空间在民宿整个比例中占比较大，一般好的民宿公共空间会设置小型的图书馆、咖啡吧，甚至是主人的一些爱好收藏品展示，公共空间会提供大量的交流互动场地，使得客人能够和主人以及其他客人更好地进行交流。

（二）氛围轻松

一般民宿在选址上非常讲究，很多民宿都会选择靠近周围群山环抱、溪水环绕的环境优美之地，远离城市的喧闹，这种自然优美的环境给游客带来心理上的放松。另外，民宿在设计中重视客人的情感需求，设计了多种休闲放松的公共场所，秉持一切以客人为中心的运营理念，亲和的民宿主人与客人之间的互动聊天，分享自己的故事，有机的天然食材满足客人味觉的享受，丰富的体验活动让客人置身于当下……这一切都为客人营造了轻松的氛围，使客人能够达到休闲放松的目的。

（三）文化内涵丰富

民宿是传承和传播文化的重要载体之一，具有丰富的文化内涵。民宿文化在民宿发展过程中占据着关键性作用，也是民宿发展的核心元素之一。民宿建筑承载了区域的历史文化，如海南文笔峰居善观民宿群的建筑风格以徽派文化与道观文化相融，突出了"吐纳天地""美美与共"的居住理念，获得了2020年海南省民宿评比"金宿级"乡村民宿第一名，民宿建筑风格传递了当地的历史文化，发展民宿也有利于促进当地特色文化的保存。另外，民宿的内部设施、体验活动都能体现本土文化特色，如被誉为"非遗式民宿"的无锡阳山桃夭艺舍以传统的扎染、瓷器、木雕、香道、花道、茶道等为主题，并以《诗经》中的名句进行命名，从展示到参与，整体更似一座微型的"艺术博物馆"，散发出浓浓的传统文化气息。

（四）"乡愁"味浓厚

民宿是一种乡愁与乡土相结合的产物，称之为"有温度的住宿""有灵魂的生活"，乡情文化是民宿的核心竞争力之一。在城市中工作时间久了的人，都想回归自然，乡村是人类社会的童年。乡愁是一种怀旧，是人的内心深处对过往生活的一种精神依恋,即重新回到过去的生活或过去的生活方式,是对过去生活中人所具有的美好、温暖、安宁、稳定和充满希望这种状态的一种追求,也是对美好生活的一种向往,民宿强调"宿在民居、乐在田间、游在山水、食在自然"。现代民宿已经成为以"慢生活、家的服务、趣体验"为特点,为游人提供乡村生活空间的标志性产物。游客在乡村生活中感受自然,体验充满农耕文明气息的农村,通过和乡民的融入深入沟通,体验乡村的生产生活和乡野趣事,"乡土、乡情、民俗风物"是民宿的重要出发点和归宿,每一间民宿都要有自己独特的"乡土味道"。

二、民宿的发展模式

(一) 企业作为投资主体的发展模式

这类民宿由企业进行投资运营,企业分为两种:一种是和企业之前从事的业务和旅游企业相差较大,由于看到民宿行业的商机后投资民宿行业,如房地产公司、基金公司等;另一种是旅游企业链上的企业,由于上下游产业链的合并、资源整合考虑进入民宿行业。企业通过租赁的形式收储较多的民宅基地房屋,对村落的民居和周边环境进行改造提升,然后根据需要打造成各种风格的民宿。这类民宿投资金额总量较大,但回收本期周期较长,规模较大,需要招聘较多的员工,一般以招聘当地人为主,因为本地人对于当地的风土人情、文化习俗等更为了解,通过这种方式可以实现村民的就近就业。企业的董事会一般负责民宿的发展规划、经营方向、资金投入等重大发展决策,而民宿的日常管理和运营则聘请专业的民宿管家、总经理等进行管理。

(二) 农村合作社作为投资主体的发展模式

农民合作社作为投资主体的发展模式,是尊重村民意愿的前提下组建农村合作社,以入股的方式将村民分散的资金通过专业的管理模式集中起来,聘请专业的管理人员或按照相应的章程开展民宿经营。这种模式往往会聘请民宿专业管理人员负责民宿的运营,优点是将农民分散的资金集中,统一进行规划、设计、装修,专业的管理人员根据房屋和地区文化的特点为房屋设置合适的风格,以满足消费者的需求。民宿合作社采用"农民合作社+企业+乡村民宿"等形式的发展模式,合作社投资建设民宿后自营或者交给企业管理,营业额按比例由合作社和企业进行分成,村民按年头享受分红。

(三) 个体作为主体的发展模式

这类民宿经营的模式是,大多数人利用自己的闲置房屋进行简单装修后出租,提供给周边城市的居民用于休闲度假。这种类型的民宿是当下较常见的民宿经营模式,有以主业经营的,也有以家庭副业经营的。这种模式下的民宿依法盘活了当地农村的闲置基地和闲置住宅等资源,解决了大量的农村人口就业问题,带动了乡村经济的发展。个体经营的民宿往往规模小,受制于资金的原因,大多数民宿往往装修较为简单,品位比较大众,价格一般。民宿主人常常参与民宿的经营,和客人经常互动,人情味很浓厚,能够为客人提供富有当地特色的个性化服务,往往这类民宿的淡旺季比较明显。

思政园地

住一间房可体验23种传统文化
四团镇:有一种生活叫民宿

上海市奉贤区四团镇的"吾乡童年民宿",可以体验涵盖手工织带、土布扎染、渔网编织、生煎馒头制作、老八样烹饪等当地23项传统文化技艺。近几年,随着乡村振兴战略在奉贤落地生根,民宿经济发展迅速,四团镇走在前列。但"搞起来"并不等于"热起来"。"挖掘本土文化,赋予民宿独特灵魂,让市民零距离了解'非遗'等文化的魅力,一来提升民宿的经济潜力,二来发扬和传承本土文化,三则能让市民亲身体验到扎根乡村的快乐。"四团镇社区事务受理服务中心副主任刘某表示,"很多人和我反馈,说市民游客们都很喜欢。"如今,"为一间房,赴一座城"在四团已不是什么秘密。

一、找寻传统与现代的契合点

副主任刘某的手头有两份文件,一份是《关于实施中华优秀传统文化传承发展工程的意见》,另一份则是《中共中央 国务院关于实施乡村振兴战略的意见》。她认为,前者为做好文化工作指明了方向,后者为推动文化传承指明了路径,"打造传统文化体验式的民宿,就在不断消化这两份文件中应运而生。"一个"土",一个"洋",如何找到最佳契合点,头疼的,不仅仅只有副主任刘某。"吾乡童年民宿"主理人聂蕾也同样在思考一个问题,"怎么吸引人,怎么留住人"。她也隐隐约约能感觉到,乡村民宿要走得远、走得好,就要立足乡村,载得起游客的乡愁,"这就需要文化的承载和支撑。"一个想法,一个期盼,让"吾乡童年民宿"最先尝到了"传统文化体验"带来的人气。通过挖掘全镇33个村居的文化资源,将一批传统文化技艺以点单的形式进入民宿,一下提升了民宿的"吸引力"。

只要市民游客点单,就能在预约的时间里,通过亲手制作一条织带、学刻几笔刻纸、拼装一艘木船等,亲身体验扎根乡村民间的归属感和获得感。有别于以往的、其他的民宿,点单式,可以真正满足市民对于传统文化不同的需求,同时也丰富了乡村民宿的内涵。目前,在四团,不少民宿因"传统文化"走俏,民宿业正成为传承乡村文明的新载体。

二、文化让乡村民宿更有乡村味儿

当然,要做好传统文化体验这张清单,也绝不仅仅是蜻蜓点水。"与真正的文化传承人见面",才能更透彻地浸润在地方特色文化中。副主任刘某称其为"乡村味"。为了唤醒这份"味",刘某又做了一件事。"随着清单的形成,我们还鼓励这些有传统文化技艺的传承人走出家门,走出村居,走进民宿,手把手传授绝活,能有效守护、传播、弘扬地方优秀传统文化,这也是真正保护传统村落的一种方式。"

对于芦花蒲鞋技艺传承人项根官来讲,即便已72岁高龄,但他对"传统文化进民宿"的热情度和支持度都极高。"芦花蒲鞋,已经没有几个人会了。"项根官坦言,芦花蒲鞋,是采用芦花、稻草和麻绳编织而成的一种鞋子,又称"红军鞋",这种技艺是通过一代又一代手手相传下来的,但如今即使在乡间偏远地区,这种鞋子也是寥寥无几。"通过这样的平台,能够让更多人了解到芦花蒲鞋技艺,这对我来讲,感觉更像是一种使命。"如今,23名各类传统文化技艺传承人均做好了随时"被点单"的准备。

业内人士认为,乡村民宿要走得远、走得好,就要立足乡村,载得起游客的乡愁。换言之,人们向往的农村,期望感受的乡村民宿,不仅要在乡村,还要在乡村体验到所谓的诗和远方,即民宿主理人承接、当地传统文化传承人支持、市民游客乐于接受。从这一点上来讲,正发生在"吾乡童年民宿"的变化,都是值得借鉴的有益尝试。副主任刘某也对未来充满信心,"目前,传统文化清单已经进入一批民宿,未来还会进入更多民宿。"

项目小结

1. 介绍了民宿的定义、功能以及作用。
2. 介绍了英国、法国、日本、中国民宿的起源和发展以及中国民宿的发展趋势。
3. 介绍了不同分类标准下的民宿类型。
4. 阐述了民宿的特征并分析了常见的民宿发展模式。

项目训练

一、知识训练

1. 民宿的功能及作用有哪些?
2. 中国民宿未来的发展趋势是什么?
3. 民宿的特征包括哪些?
4. 常见的民宿发展模式有哪些?

二、能力训练

1. 在你所在学校附近找一家民宿进行考察,按照不同的分类标准对其进行分类,并根据书中所学的内容,思考如何判断一家非标准化住宿是否为民宿?
2. 调研你所在地区民宿的数量、规模、发展特色,并形成调查报告。

项目二
民宿调研与设计

 项目描述

民宿调研与设计,是前期民宿开办的必要工作,也是后期民宿经营成败的关键。民宿是否适合开办,区位状况如何,如何选址,投资回报如何,民宿应该开办成何种类型、何种风格、何种模式,需要充分调研和设计,本项目通过对民宿市场调研与选址、投资分析、项目定位及规划设计等环节进行讲解,使学生掌握设计开办民宿的基本知识和必要技巧。

 项目目标

知识目标

1. 了解民宿市场选址的意义与要点。
2. 了解民宿调研的内容与方法。
3. 了解民宿投资的分析内容与方法。
4. 了解民宿项目定位的内容与方法。
5. 了解民宿设计的原则与方法。
6. 了解民宿开业筹备流程。

能力目标

1. 能够调研、分析民宿市场并做出投资决策。
2. 能够掌握民宿市场定位的方法,提升民宿可持续性运营能力或盈利能力。
3. 能够掌握民宿筹开的能力。

素质目标

1. 引导学生深入了解民宿行业,从乡村振兴、创新创业角度,培养学生以行业规范和标准为准绳,进行实践分析的能力。
2. 提升民宿设计的市场能力和审美能力。

知识导图

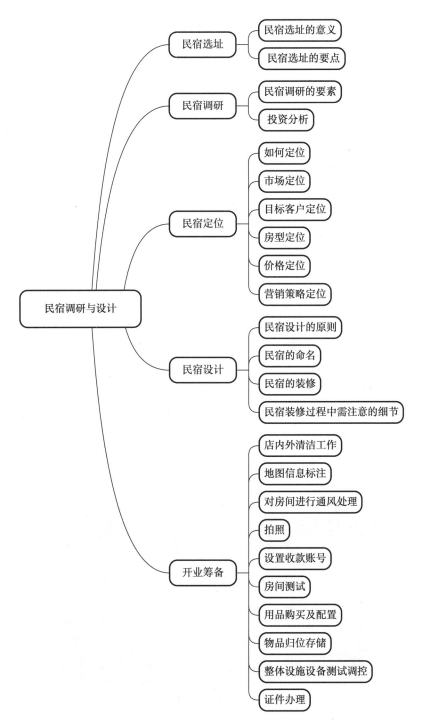

学习重点

1. 不同场景的市场调研方法。
2. 民宿投资分析及规划设计的方法。
3. 民宿筹开及民宿目标市场定位方法。

项目导入

设计,赋予山间民宿"灵魂"

2021年,在外闯荡多年、事业有成的赖云金,决定在自己的家乡成都市龙泉驿区山泉镇红花村开一家民宿。他首先想到的,就是与母校四川旅游学院校企合作,做好民宿的定位与设计。经过学院宗平院长的策划和指导,民宿取名为"悦见云山",主打"云上酒,山边茶,花中餐,林间房"(见图2-1、图2-2)。

悦见云山拥有"躺在床上观云、见山、看日出"的奇思妙想;有"在花林品香茗赏美食",大师川茶、密调酒饮、生态私厨、日式烤肉等的休闲时尚餐饮;有"聚在山上释非遗作书画",体验桃花太极、手工扎染、山水书画等的非遗和文化项目;有"身在山野习农耕采果蔬",感受传统礼俗、农林园艺、生态采摘、亲子休闲、露营派对的自然"野奢"和农耕文化研学,受到众多客人喜爱,悦见云山取得了较好的经济效益和社会效益。

图 2-1 悦见云山的选址布局

项目二 民宿调研与设计

图2-2　悦见云山民宿观日客房

> 思考：
> 1.民宿应如何选址？
> 2.民宿设计应注重哪些因素？

任务一　民宿选址

民宿从本质上说，是住宿业消费升级的产物，是旅游配套的升级产品。伴随生态旅游、乡村旅游、文化旅游在我国的兴起，民宿在其中显示出独特的文化吸引力、生态亲和力、产业融合力、营销爆发力，因此在休闲度假旅游中扮演着必不可少的角色，也成为"大众创业，万众创新"时代众多创业者的重要选项。我国有相当一部分地区旅游资源丰富，自然禀赋出众，或景观独特，或人文丰厚，是天然的度假胜地，也是孕育民宿的沃土。

一、民宿选址的意义

好的选址是民宿成功的一半，选址不佳，后期事倍功半。从我国民宿发展的实践看，不同区域民宿发展的起源和特征各不相同，但市场效益好、品牌成熟高的民宿及民宿集群，无不具备较佳的选址条件，不同的民宿选址也决定了不同的民宿发展前景、方向和路径。

（一）好的民宿选址可以给客人带来独特体验

办好民宿不仅要讲理想，讲情怀，更要为客人提供独特的体验，这种独特性大多来自消费者空间变化或者文化差异而获得的不同感受，如城市居民来乡村，东部、北部居民在云南、西藏等西部地区感受到文化差异等。

(二)好的民宿选址可以体现民宿产品的差异性

民宿产品不仅仅是一张床、一间屋,更多的是环境,民宿产品的差异性主要体现在周边环境的不同。以莫干山为代表的湖州民宿主要基于当地优美的自然环境,徽州的民宿主要基于当地特色的古宅,而川藏线的民宿则起源于骑行者的栖息地。

(三)好的民宿选址可以大大降低民宿的前期资金投入和后期运营成本

酒店业有句话叫"位置,位置,还是位置",其实这句话同样适用于民宿业。如"宛若故里"创始人金杜,2015年用了不到10天时间,敲定了3个知名投资机构的1000万天使投资,试图在人文与商业、乡村与城市之间,找到一条"清风明月回故里"的路,通过五个"一"的模式:一个故乡＋一个美宿＋一个私旅行＋一个物产＋一个故里客社群,从选址开始,发起新的上山下乡运,取得了很大的成功。

二、民宿选址的要点

民宿选址需要注意的事项很多,主要有以下几个方面。

(一)明确民宿的性质和定位

在民宿选址之前,要对其性质和主题进行拟定和明确。前期要根据市场调研和实地考察情况,拟定民宿接待的档次、民宿管理的水平及民宿经营的特色等,来确定民宿性质、民宿等级、民宿规模与民宿结构。民宿应选择符合自己特色的主题,不断进行完善和调整。

(二)考虑民宿选址周边居住人口与交通

在建造或改造民宿之前,要调查该地区的人口居住情况,保证充足的经济人口和流动人口。同时考虑道路、停车及交通工具的便捷性,以及交通动线,方便民宿客人驾车或步行出入。

(三)重视民宿的地理位置和环境要求

考察民宿选址的地理位置、道路交通、气候气象、地磁方位、环境景观、水文地质以及地表情况,从而确定民宿建筑样式及结构。地表应该清爽整洁,如果地表情况不好,或低洼,或恶臭,应尽量避开。同时考虑民宿的水电暖供应、供排水等配套情况,以保证民宿能正常运营。

(四)掌握民宿行业现状和发展趋势

了解该区域内现有的民宿设施与竞争对手的经营特色与状况,是否有新建民宿的规划,以及区域内饮食设施、规模特色、营业时间、顾客层次、消费单价、营业额、菜系和菜单内容等。

（五）选择合适的民宿地段和区域

一个区域范围内是否有提供民宿或住宿、餐饮服务等设施和场所的需求，民宿的客源是否有保证，对这些设施与场所的现状做出分析是区域评估的内容之一。除此之外，还要考察区域内的自然风光、度假资源以及休闲娱乐、文体活动等情况。这些因素的规模、数量、大小，对民宿的开办有重要参考价值。

（六）确定民宿的规模和结构

民宿的规模和结构，要由市场需要、经营方式来决定，除客房部分，其他公共活动部分和饮食部分也需占一定比例，如大堂、餐厅、停车场、文化娱乐等设施，应综合考虑场地、交通、区域环境、民宿行业现状的影响。

知识活页

不同类型民宿的选址要求

任务二　民宿调研

民宿除了要有情怀、有故事、有服务之外，民宿所在地的客观条件是民宿能否成长的基础。因此，在民宿投资前期，要对目标市场进行调研。只有通过调研，了解客栈民宿的行业信息，才能在投资的时候做到心中有数。

一、民宿调研的要素

（一）区位和市场总量调查

选择区位就是选择市场，区位决定了市场总量如何、竞争情况如何、客源构成如何等。比如，市场大、淡旺季不明显代表你的盈利上限高（成本另行分析），竞争压力大代表行业交替速度快（存在大量的转让和倒闭），休闲度假游发展越好代表高端民宿的土壤越好。这样的市场适合有成熟运作经验的入局者，硬件与设计都必须跟上，才可能在产升级阶段分到一杯羹。

市场总量，应该从宏观和微观两个方面去调查。宏观方面，可以从经济形势及民宿业发展趋势分析；微观方面，可从所在地的民宿市场需求以及行业竞争形势入手。

投资者可从地方文旅局发布的信息中获取以下数据。

（1）区域内年客流量、客流量月份分布、淡旺季分布、客流量年增幅等情况。

（2）与往年同期相比较，流量是上升、持平还是下滑？

（3）调查客源地及客人逗留的天数。

市场情况不同决定了民宿定位的不同，是经济型民宿、中高档民宿、轻奢型民宿还是高档精品民宿，这都跟市场总量有很大的关系，需要认真的调研分析，认真分析区域的经济发展水平和旅游资源条件。

（二）区域内交通系统调查

作为一个需要消费者到达消费的行业，消费者到达的便利性尤其重要。距离市场的远近决定了投资民宿潜在客群的规模。随着中国各种交通网络布点的完善，特别是高铁和机场建设的推进，时间距离成为和物理距离同样重要的影响消费者的参考项。比如，对于定位为观光游或景区配套的民宿来说，公共交通可达核心景观的时长不宜超过30分钟；对于客群定位为城市近郊自驾休闲度假群体的民宿来说，距离一、二线城市主城区不宜超过2小时车程；距离邻近知名景点不宜超过半小时车程；三、四线城市，对自驾时间要求则更短。

投资者可从以下几个方面入手来做好区域内交通系统的调查。

(1) 从周边城市过来最多需要几小时车程，中间是直达还是要换乘？

(2) 周边有没有机场？

(3) 如有机场，可直飞哪些城市？

(4) 周边有没有高铁？

(5) 周边有没有高速公路？

(6) 与之配套的交通网络及交通体系是否完善？

（三）区域自然环境调查

自然环境指由水土、地域、气候等自然事物所形成的环境。对于民宿投资者来说，应重点做好区域内以下几方面的环境调查。

1. 气候环境

度假指向的民宿产品，气候是一个重要条件，而且在所有条件中，也是最稳定的一个要素，长时段内不会发生剧烈变化。常年温度的宜人，光照及降水的适度，不会出现长时段的极端天气，都是通行的前提。比如，中国北方的部分区域，属于季风性气候，夏天炎热，冬天寒冷；再如青藏高原地区，自然条件较为恶劣，适合营业的日期较为有限，都难以形成全国性大规模民宿集群。

> **小提示**：适宜的气候可以拉长运营时间。四季分明，冬季长的区域，要考虑淡季运营的问题。

2. 生态环境

因为民宿属于休闲旅游的范畴，消费群体大多来自城市，一定意义上，他们是希望对日常生活进行一种转换和逃离，因此，所处区域的生态环境好坏是客户进行选择的重要参考项，空气、水质好，周遭环境无破坏，无过多违和建筑，保持一种原生态是理想的情况。

3. 区域景观独特性

民宿其实是游客出行的集成点，民宿的选择其实综合了旅行度假的诉求。一个区域民宿的客户来源，很大一部分是对于旅行度假住宿群体的配套。因此，所处区域景观的独特性就显得尤为重要,景观的独特性意味着客群流量。如果所处区域有一个5A级景区,或者有一个世遗景点,那就会比普通的区域更有竞争优势。

> **小提示**:依山傍水的位置、古树、文化遗迹以及绝佳的观景视野都会给民宿加分。

(四)投资环境调查

投资环境是指投资经营者的客观条件。影响和决定投资环境的因素有很多,民宿投资者应重点关注以下几个方面。

1. 当地政策

当地政府的态度决定着民宿能否健康持续发展。由于每个地区的政策不同,投资者在前期就应对当地政策做好调研,比如,当地政府有无客栈民宿管理条例、关于办理各种证照的流程及难度。因不同区域的地方政府对该行业所抱持的态度不一样,运营所需证件办理的难易程度、政策性的利好或利空,都有可能对投资项目造成巨大影响。

2. 配套设施

区域内的配套设施,包括选址地方的商业氛围怎样,水电网、道路、路灯、排水系统、防灾等基础设施是否完善,以及周边超市、餐饮、公交、银行、娱乐设施、派出所医院等配套的公共设施是否齐全等。

对于民宿来说,作为经营主体所需要的水、电、排污、消防等诉求都需要重点考虑,所在地如果基础配套不全,就会导致整体的建设运营成本偏高。特别是在一些风景区内,排污管网设施、水电通路等,都要做系统的考虑。

(五)当地民宿业态调查

民宿大部分客流是区域周边城市过来的游客,投资者应调查以下方面的事项。

(1)区域依附城市的数量有多少个?经济水平如何?是否有旅游的习惯?出行的频次如何?

(2)当地的旅游业态,是传统观光游还是休闲度假游?

(3)民宿市场及游客的构成情况怎样?

(4)区域内吸引游客的资源条件有哪些?

(5)如果以传统观光游,景区的品质怎么样?

(六)当地民宿业竞争态势调查

对当地民宿业竞争态势调查,可从以下几个方面入手。

(1)投资者可从各大OTA(Online Travel Agency,在线旅游)网站上查询区域内民宿客栈的数量,了解低、中、高端档次及价格情况。

(2)找出几家可以作为参考的民宿,通过入住体验的方式,详细了解他们的特点、亮点、吸引点。可以从消费者的反馈中,了解他们有哪些是可以学习的,哪些是要规避

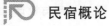

的，以及他们全年经营情况、淡旺季的处理方法、日常的管理方法、营销方法等。

（七）区域文化氛围与民情调查

民宿除了投资属性，其本身还带有文化属性，因为其驱动力来源于大家对于这种生
活状态的向往，并希望以运营民宿的形式去实现。对于消费这种住宿形态的群体，也是冲着这种生活方式而来。因此，区域文化氛围是非常重要的因素，也是一个地方能不能吸引很多志趣相投之人前来投资客栈民宿，并形成集群的要素。而所在地的民情，是否让人生活其中感到愉悦，旅行过程中不产生额外的负担，这是一种无形的力量，无论对于民宿投资者还是消费者，都是一个重要的选项。

二、投资分析

投资运营民宿要有情怀，但最终还是要落实到回报率上。因为成本直接决定收益，所以投资者在筹建一家有盈利能力的民宿时，在前期就要做好成本分析，预估盈利情况并做好风险评估。

（一）前期投入成本分析

前期投入成本包括房租、软装、硬装、床品等。投入适当，"有多少钱，做多少事"是经营民宿的基本原则，不应该跟着潮流、过度投资，或者申请贷款比例过高，导致最后无法收回成本。不少民宿业者失败的原因就是过度投资，遇上客房入住率低、淡季运营困难等情况，难以回本；或是民宿定位不清，难以吸引客人。

1. 房租

如果做高端民宿，租期短就有很大的风险。有业内人士表示，投资酒店或者民宿至少1.5~3年回本，所以合同至少要签5年。在租赁物业的过程中，要明确物业是否能起照（获得经营所需的相应执照手续）。起照的顺序是：工商的营业执照、消防、特种行业许可证（住宿被国家列为特种行业）、外事（外事就是是否有接待外宾的资格），最后是卫生。房租是成本的重要组成部分，房租既是前期投入成本，也是主要的运营成本。

2. 装修费用

装修费用包括软装费用和硬装费用，需要预留10%—15%的超支空间。

（1）软装主要包括常用的地毯、灯具、壁画、相框、书籍、绿植鲜花、摆件家具等。软装得当，可以直接提升民宿的吸引力。

（2）硬装就是指吊顶、墙壁、地板、卫浴等。如果选择基础设施好的房源，就会在硬装上节省资金，毕竟租期到达，硬装是无法带走的，属于纯投入。

> 小提示：装修的过程中，要注意耐用性和实用性，比如洗手间要注意无异味，防水房间做好隔音，房间内预留足够的电源插口等，床品尽量选择优质床品。

装修除满足基础的住宿条件,还要看是否包含其他增项服务,如餐饮、娱乐、亲子、商务、宴会、活动、养生等,如果有,还需要配置相应的基础设施。

3. 其他费用

此外,成本还包括租房押金、物业费用、中介费用、网络费用、日常生活用品采购费用等。小到储物盒、衣架、晾衣架、纸巾盒、吹风机、针线盒、急救箱,细致到游泳圈、水枪、沙滩足球、棋牌等,都要考虑周全。

(二)运营成本分析

运营成本包括区域内的物价高低、水电网成本、易耗品费用、日常运营成本、人工成本。区域内的租金成本直接影响着投资回报的速度,投资者要预估清楚所考察区域的租赁成本,这是运营成本中的最大支出。

另外,当地人工成本高低,能否招到合适的工作人员,也是需要调查的事项。要知道,民宿是一个服务行业,需要用心去经营,经营人才是决定民宿运营是否顺利的关键。

(三)投资回报分析

对投资者来说,只有在预估可盈利的情况下,才可以投资。因此,做投资回报分析是十分必要的。

(1)根据所包含的所有增项服务及住宿制定出运营模式,得出所需人员编制、服务流程、销售渠道等,从而设定初步年流水预算。

(2)根据制定的运营模式计算出每项相应成本支出,如人工成本、能源成本、客用品成本、销售成本等。

(3)根据年流水预算和年总运营成本得出利润值,并根据理想回报年限进行调整。

(4)最终论证投资回报年限。

一般来说,民宿客房价格都是透明的,投资者实地调查,就可以预估民宿入住情况,从而预估项目未来的盈利情况。

(四)风险评估

民宿属于一种投资行为,在经营过程中可能最后涉及投资回报率盈利状况。投资者在投资前,要进行各种风险辨识、分析、评估,争取把风险降到最低。民宿运营中常见的风险有以下几种。

1. 法律风险

法律风险,主要是指由于证件不全引发的风险,如缺乏特种行业许可证、消防许可证,导致被政府部门罚款整顿、取缔,直接导致经济损失。

2. 盈利风险

盈利风险,主要是指由于竞争激烈、经营管理不善等因素引起的收支不平衡、盈利空间窄、投资回报进度慢,从而带来在盈利上的风险。

3. 自然灾害风险

自然灾害风险，主要是指由于地震、台风、泥石流、暴雨等引发的灾害导致的风险。沿海一带的民宿，夏季应做好预防台风措施，处于山区的民宿应做好泥石流防范工作。

4. 意外事故风险

意外事故风险，主要是指由于火灾、爆炸等引发的灾害导致的风险。火灾、爆炸是民宿面临的风险之一。一旦发生，后果严重，会给民宿带来重大损失。民宿要做好防火措施，备置消防器材，消除隐患。一些木质构造的客栈民宿，客房内要禁止吸烟、点蜡烛等。

5. 租赁合同风险

租赁合同风险，主要是指由于合同权责不明，导致双方纠纷或者单方面违约产生的风险。

6. 人身意外风险

人身意外风险，主要是指客人、员工在民宿内发生意外风险，如客人在店里摔倒、跌落、被器物砸伤等产生的风险。

任务三　民宿定位

定位是民宿投资建设的前提，也是民宿经营成败的关键。只有明确了目标市场需求，才能有针对性地创造出合适的产品，提供良好的服务，才能赢得客源，创立品牌。

一、如何定位

（一）前期调研分析

调研分析周边区域及所在区域的民宿，确定区域内竞争对手是谁，有哪些方面做得好，核心竞争力是什么，存在哪些不足。通过分析比较，形成一个较明确的概念。

（二）寻找空位

利用差异化思维，从用户、场景、产品档次三个角度去分析，稀缺的市场更容易成为突破口。如果一个区域普遍是比较低端的民宿，那么中高端就是空位。在目前的投资环境中，更多的资金流向了高端，动辄投资千万去建设一个民宿。实际上，档次空位也越来越少，而民宿在特定领域的技术积累，形成自己优势的专业化形象，是未来市场用户细分及创建多元场景的方向。

（三）推出品类新概念

可以在民宿这个非标准住宿类别中，推出新品类，如集装箱住宿、帐篷住宿、木屋住宿等品类。除去新品类，还可以在以前的品类中推出一种新概念。以大理洱海边的海景房民宿为例,"海景房"就是一个品类概念。还有诸如轻奢、唯美、人文等概念性精品民宿品类概念的推出。

二、市场定位

市场定位是指为使产品在目标消费者心目中相对于竞争产品而言占据清晰、特别和理想的位置而进行的安排。对于民宿来说,市场定位的目的,就是通过市场细分,来选择适合自己条件的目标市场,制定有效的市场战略,集中优势,赢得目标市场。

(一)地域定位

地域定位即民宿投资地域的选择。地域定位中,有大地域定位和小区域定位两种。大地域就是某一个省份、城市、县镇、乡村的定位,小区域就是在这些大地域里的某一个区域。以大理为例,选择大理就是大地域定位;选择大理古城、洱海边、苍山下、沙溪古镇、诺邓这些区域,就是小区域定位。

乡村民宿一般位于人口稠密的大城市周边或者是风景名胜区,这些区域能够为民宿提供源源不断的客源。

(二)档次定位

投资前,要清楚你的民宿是要做低端市场、中端市场还是高端市场。只有对客户市场的细分有了清晰明确定位,才能在民宿建设、经营、营销推广过程中做到有的放矢。

(三)环境定位

民宿对周边的自然环境依赖度非常高,选择区域及环境的不同,发展空间、市场资源等都不相同。贴近自然、贴近乡野,有河流、湖泊、温泉、高山、森林,更容易征服消费者,满足其内心深层次的消费需求。

三、目标客户定位

目标客户定位是对市场的一个细分,在细分市场里找蓝海市场(即未知的市场空间)。能够精确地知道我的客人是谁,这一类客人有什么特征,消费习惯是什么样子等。如主题类民宿,这类民宿目标客户是一群喜欢这种主题的人群,诸如动漫主题、茶文化主题、禅文化主题民宿。其目标客户很精确,沉淀后会形成自己的圈层客户。

(一)描摹客户画像

描摹客户画像是对客户标签化及整体化的一个系统性概括,客户画像可以从如表2-1所示的几个方面进行概括。

表2-1　客户画像

客户特征及来源结构	具体描述
客户自然特征	性别、年龄、教育程度、职业、地域
客户兴趣爱好特征	兴趣爱好及消费习惯等
客户社会特征	社交偏好及获取信息渠道偏好等
客户来源结构：地域来源	本地客户、周边客户、外地客户、外籍客户
客户来源结构：渠道来源	线上、线下、熟客介绍、团客（旅行团、商务会议团、培训学习团、活动团）等

比如，由一些具有历史文化的老建筑改建修缮而成的客栈民宿，它的客户画像一般如下。

（1）年龄：35岁以上，受教育程度较高，有一定的消费能力。

（2）性别：男性客户可能居多。

（3）行为爱好：对历史文化及当地人文层面的东西比较感兴趣。

（4）入住时间：2—3天。

只有定位好目标客户群后，才能更好地对民宿的房型、价格、营销策略、渠道等进行定位梳理。知道了我的客户是谁，有什么行为爱好，才能够更好地为这类客户提供针对性的服务。

（二）目标客户群细分

民宿的客户可以粗略分为假期旅游度假人群和周末休闲人群两大类。比如，以大理、丽江为代表的旅游目的地客户一般是旅游度假休闲人群。而诸如莫干山、杭州的民宿市场，客人一般是来自长三角地区的周末休闲人群。在旅游度假人群中，又可以细分好多类，如图2-3所示。

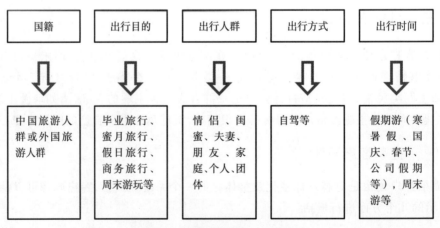

图2-3　假期旅游度假人群细分

不同于酒店,商务会议人群在民宿中的占比很小,不过这是一个细分人群市场。未来,商务会议、团建活动等将会倾向于民宿聚集地,可以一边开会一边度假。

(三)精准目标客户群细分

民宿是个性化很强的住宿形态,并且带有强烈的主人色彩,在设计、经营上有浓烈的主人特征。比如,若民宿主人是一位"60后",那么在她(他)的店中,会有很强的属于那个年代的印记。若民宿主人是一个文物迷,那么在民宿设计中,会把收藏的文物放在店内,喜欢此类店的人也是同样喜欢文物的一群人。

"物以类聚,人以群分",民宿主人的存在也是对客群的一个筛选细分。但在这种情况下,并不是每一个客人都会接受和认同,喜欢其所表现出来的形式及状态。如果二者不匹配,客人不认同民宿,民宿主人不认同客人,就会造成误解。喜欢的人特别喜欢,不喜欢的人特别不喜欢,可能由此造成两极分化。这就需要投资者做好两种需求匹配:一是价格匹配,指房间价格在客人的心理预期内,客人能够承受的价格;二是调性匹配,指民宿品牌传递的一种综合信息,如设计风格、运营理念、主人风格等。

比如,某连锁品牌民宿,定位泛蜜月,描摹的客群兴趣爱好特征是一群对浪漫有追求的人,如新婚夫妇、热恋情侣等。在泛旅游人群中通过梳理筛选,可以细分出这样一小众人群。

(四)人群细分后的关联性需求延伸

对目标客户群精准细分后,有利于民宿后期挖掘客户的更多价值。以目标客户为核心,围绕目标客户的特征及行为爱好、消费习惯、消费需求,展开多元化场景需求刺激及满足。

还以上面某连锁品牌民宿为例,在确定目标客户后,后续可以策划举行小众婚礼等活动,由单一的住宿拓展为婚礼举办地,把举行婚礼和度蜜月相互结合。再如,茶文化主题民宿,就可以对用户需求进行多维度拓展,如茶会、茶文化培训、采茶制茶体验等。

四、房型定位

明确了客户目标群后,设置什么样的房型及房型比例就比较清楚了。总房间数多少,大床、标间、家庭房比例多少,以哪类房型为主,要设置清楚。民宿房型一般包括大床、圆床(适合情侣、夫妻等)、标间(适合朋友、团客)、家庭房(适合家庭人群出行)、亲子房(父母带小孩人群)、套房(适合两个家庭)。如果以接待团客为主,那么房型设置以标间为主。如果主打亲子型,就以亲子房型为主。

五、价格定位

价格定位,即在确定了目标客户后,对其经济基础进行一定分析,并对客户的心理预期做出评判。在此基础上,对价格进行定位,做出一个价格系统。比如,某民宿的客户目标是以学生群体为主,那么价格区间宜在100—200元。

六、营销策略定位

营销策略定位,即针对目标客户群的特征,在以后运营中实施相应的营销策略。

(一)用户在哪

用户在哪,营销就去哪。这需要对流量进行一个判断,如用户集中在马蜂窝这一类旅游网站,那么就去马蜂窝做内容营销。如果客户行为爱好是喜欢动漫,那么就可以去类似哔哩哔哩等视频网站。

(二)用户喜欢什么

只有了解和熟悉用户群特征,才能选择和用户特征相对应的营销策略。

任务四　民宿设计

民宿设计

民宿设计不只是简单的住宅设计,而是根据原来住宅的特点,设计出一种有别于城市生活的生活形式。这是一种生活方式的系统设计,这种生活形态的建构包括建筑设计、环境规划和生活氛围的营造等。

一、民宿设计的原则

(一)本土

客人在挑选民宿时,更多的是关注当地的景观与文化特色,而民宿是该地区文化的展示窗口,是非常适合表现当地特色与风情的场所,也是非常吸引客人的目的地。民宿设计,必须充分挖掘和突出当地文化元素,让游客体验与所在地文化的不同之处。如果民宿能不断地吸引回头客,则说明民宿设计满足了游客探索当地文化、生活方式的好奇心,这样的设计才是成功的。

(二)业态

民宿因独特的设计理念和建筑风格,注定面对小众市场。因此,在设计之前,必须找到要服务的客群。选择合适的客群,有针对性地进行设计和营建至关重要。民宿的房间数不宜过多,一般为15间以下,有的民宿客房只有5间,有的面积在150平方米以下。说明民宿不必追求规模与奢华,精致、有特色、小而美才是民宿的基本业态。

(三）自然

做民宿不能只把"房间"做出来,还要把当地人的生活做进去,把当地的文化特色做进去。在将老民居、民宅改造成民宿的过程中,应遵循质朴、自然的设计原则,除必要的安全和服务设施,力求对原来的建筑、设计、生活环境进行保留,原汁原味,最小化破坏,不能因为别家民宿好看,就把这些老建筑拆掉仿造,拆真"古董",造假"古董"。

（四）文化

一座民居住宅,满屋都是民俗文化。当地人的宗教信仰、家训家教、价值取向等当地风俗的文化符号,集中体现在民居的室内外。很多游客之所以选择民宿,就是为了这种体验。

所以,做民宿不能脱离当地民俗文化,不能只重视外表,而要把民宿内在的东西做出来,把当地的风俗习惯融入进去,把民宿的灵魂做出来,这样的民宿才有生命力。

（五）生活

民宿设计时,要研究当地人的民俗风情、宗教信仰、生产劳动情况,尽量把当地人的生活融入民宿设计中,把当地人的生活情趣呈现出来,保持当地人生活习俗的原形和原貌,让游客真切地体验当地人的生活传统。

（六）融入

民宿设计要融入当地环境,融入当地的建筑风貌,融入周边的环境。无论是建筑设施还是业态,要尽可能就地取材,尽可能保护原建筑的特点,尽可能保护原生态环境,营造人与自然的和谐统一,让民宿再现当地的生活风貌。

同时,在民宿里,可以融入一些非遗体验项目,比如当地匠人、艺人的表演,让游客感受地道的本土文化,体验当地人的真实生活,让旅行更加丰富多彩。

（七）差异

在营造民宿时,虽然追求融入当地文化,但也要制造差异,形成竞争优势。要有所提炼、有所创新,将民宿整体艺术化、个性化、差异化,这样才能吸引游客。

（八）环保

民宿选址通常会选择人文或自然环境价值比较高的地方,这样才能吸引游客,这充分说明环境的价值。因此,在民宿营建过程中,应该合理开发和利用当地的自然资源,并对这些资源充分保护,使生态环境免遭破坏。这既是当地政府的要求,也是民宿持续经营的保证。

（九）回归

回归，是人内心的追求。为突显回归，民宿往往会选择一个有特色的地方。有的靠近雪山，观白雪皑皑的圣洁；有的建在高原，感受环境带来的独特体验；有的选择山间旷野，追求人与自然的融合；有的选择乡村，品味轻松惬意的慢生活。总之，这些民宿都是游客在寻找一种对自然回归的绝佳去处。这就是民宿，一个规划不大，隐秘于自然之中的居所，演绎一种追求回归自然的态度。

（十）个性

民宿设计在整体空间构成和装饰设计中，一方面，把当地传统文化元素挖掘利用最大化；另一方面，通过设计，提炼更具个性化的现代元素，充分体现民宿独有的特色，创造民宿本身的艺术魅力与价值，使民宿设计具有独特的创意。有个性、有亮点、有风格的民宿，才能吸引小众客群。

（十一）舒适

民宿是游客的住宿场所，只有让游客住得舒服的民宿才会有好的口碑，才能维持旅客持续的热度。所以，民宿空间的舒适感很重要，设计师应当提炼当地乡村的民俗风情作为设计元素，结合主题、特色、营造更为舒适的环境氛围。

（十二）出新

民宿设计应处理好传统和现代的关系，推陈出新，让传统和现代共存，这是传统文化的现代解读，是传统资源挖掘的现代产品，也是传统产品通过现代市场得到的保护和传承。

二、民宿的命名

一个恰如其分的名字会彰显民宿的定位和气质，更是民宿主人格调和品位的体现。

（一）常见的民宿命名模式及分类

民宿命名一般以"整体及局部地域＋民宿核心名字"来命名，具体有以下几种方式。

（1）后缀，包括居、舍、筑、苑、园、楼、阁、庭、院、堂、坊、馆、墅、宫等。

（2）形容词及特征，包括精品、观山、望海、临水等。

（3）类型，包括酒店、客栈、民宿、旅馆、青年旅社等。比如，杭州西湖三舍精品民宿、鼓浪屿临海听风旅社、大理九叫客栈、同里久栖·杨二车马店、成都门徒酒店、夜奔北京客栈等。

（二）民宿命名的特征

当然，随着时代的进步，越来越多的民宿取名更随性、包容、自由，一种意念，一种心境，一句诗句，一株花草，一种心之所向，皆可命名，只不过哪种名字，都应当表达主人的情怀和愿望，并和民宿主题密切关联。应注意以下几点。

1. 通俗易懂

民宿起名字要简单、易懂、易记。名字要让他人容易认识，避免可能让别人认不出来的生僻字。名字要朗朗上口，不拗口，方便口口相传。读起来拗口、恶俗的名字，不易传播。

2. 意境与定位要相符

民宿名字联想到的字，不要让人产生异义和歧义。名称和呈现出来的意境要相符，不能相差甚远，不能"跑题"，也不能"夸张"。不着边际，华而不实，会让客人感觉反差太大。

3. 同音联想与外语读音

名称要注意方言与普通话读音上的不同，有时用当地方言的名字挺好，然而用普通话读出来却容易闹笑话。民宿取名还得照顾一下外语读音，不要让人出洋相。

4. 辨识度高与适应性强

名字的识别度要高，主题及联想要有独特性，太大众了，容易湮没在一堆相类似的名字中。名字要考虑与本地风俗、周边环境相适应。在今后的发展中，还要适应市场的变化，时间、空间的变化，地域的变化，甚至是与经营对手之间关系。

> **小提示**：民宿取名，要的就是与竞争对手产生差异，突出自身优势，故民宿取名坚决不能"任性"，要明确主打定位、区位及景观配套优势，能引发用户心理共鸣，并且名字要有想象力，在传播中有延展性等。

5. 名称要注册

如果民宿想走品牌化路线，想连锁经营，或是要开分店，那就必须对民宿的名字进行注册。想好名字，可先去国家知识产权局商标局网站查询，看是否被注册，最好多取几个名字，查询时遇到相同名字及时更换再查。

三、民宿的装修

城市大休闲、乡村微度假的兴趣，让民宿变得火爆，但是民宿想要做好，装修设计一定马虎不得。

（一）装修设计要点

1. 设计要个性化

个性化是民宿装修的一大主题，也是在后期方便口碑传播的一大亮点。这里的个性化既包括要根据当地的特色做一些区域设计,也包括在设计中加入民宿主人的个人喜好等。

2. 加入文化元素

在装修中加入文化元素,能让民宿有很好的氛围,也更显人情味。这里的文化元素,既可以加入当地的特色文化,也可以是民宿主人的个性文化。

3. 空间设计合理

民宿装修不是民宿主人想当然的设计,其中有一些必须有的空间,比如院子、大厅、客房、消毒间、布草间与员工房等。

(1)院子。院子一般是民宿的灵魂所在,一个没有院子的民宿,对旅客不具有太强的吸引力。院子不论大小,最好要有生机,这样的院子会让人心情愉悦。

(2)大厅。大厅是民宿中的多功能区域,具有吃饭、聊天、休闲等多种功能。合理的民宿装修设计,一般不把客房与大厅设计在同一层,不然客房中的人不能很好的休息。

(3)客房。民宿的客房设计往往注重温馨感,大床房的比例比较高,标间一般只有一间,往往还会有一间家庭房。家庭房因为可以满足一家三口的居住需求,价格一般也比较高。因为民宿一般都在环境比较优美的地方,所以客房的设计中,能配落地窗的房间最好都做成落地窗,房间视野对房价也有重要的影响。

(4)员工房。员工房的面积可以不大,但要满足员工的一般需求,最好选择与接待处距离比较近的位置。

(5)其他空间。消毒间的使用率不高,可以选择与厨房设计在一起。布草间只要满足需求即可,面积也不一定要很大,最好里面做成柜式的设计。

(二)装修风格选择

在竞争日益激烈的民宿市场,民宿的装修、设计风格越来越被人所重视,因为这直接影响到了订单量与咨询率,也是做好一间民宿的重要因素之一。下面是几类常见的民宿装修风格。

1. 北欧风

北欧风是比较常见的一种装修风格,色彩和空间都追求简洁、素雅和明亮。无论是大空间还是小空间,都是呈现出一种简约、简单的氛围。十分轻便的家居装饰,颜色素雅的设计风格,受到了很多人的青睐。

比如,坐落于浙江杭州的麦芽庭,是由两幢房子和前庭、中庭两个独立庭院组成,藏身于灵隐寺白乐桥的一片民宿之中。麦芽庭出自知名设计师之手,按照主人的原话"既要度假的闲适,又要创意的风尚",通过线条、几何、组合,融合成了没有矛盾的麦芽庭(见图2-4)。

图 2-4　麦芽庭民宿（一）

第 1 幢房的一楼是独立咖啡馆，也提供酒水和下午茶，往里则是一个公共空间，一面墙的落地窗将有鱼有水有荷花的前庭景致无缝对接到室内，各国各地淘来的摆件，充满设计感的灯具布线，也会有国内独立家具的部分椅子，搭配出一种简约又摩登的北欧风（见图 2-5）。

图 2-5　麦芽庭民宿（二）

麦芽庭共有 10 间客房，每一间客房的设计都围绕着麦芽的四季生长为主题，分别为白露、小满、惊蛰、芒种、谷雨、秋分、寒露、小雪、春分、夏至。第 1 幢房的二楼设有 VIP 室，用以小团队聚餐，推窗可俯瞰整个前庭。

2. 日式风

无论是家居还是民宿装修，日式风装修风格近年来也掀起了一股潮流，较多的民宿卧室选用榻榻米的风格，和北欧风一样，日式风简洁素雅，但又独具风格。一道雅致的屏风、一张温暖的床铺，使人能够瞬间宁静下来。

比如，坐落在浙江杭州的不足山宿，大堂是简单的木门，吧台旁有民宿主人从日本淘回来的满柜子茶具，房间都是榻榻米式的小屋，没有电视，床头黑色古典的

MARSHALL音箱,才是房间的绝配,民宿主人特意在房间里准备了龙井和铁观音,住客边听古典音乐边喝茶,完全不觉时光的流逝(见图2-6)。

图2-6 不足山宿(一)

住宿分布在二楼、三楼,共6个房间。每个房间都有一个雅致的名字:禅悦、空色、自在、不语、得闲、观想。线条简洁的木门、隔断,方、圆、角的线条,舒适的床和榻榻米,尽显日式特征(见图2-7)。

图2-7 不足山宿(二)

3. 工业风

基础色调主要是黑白色系。工业风的重要元素便是铁艺制品,无论是楼梯、门窗还是家具甚至配饰,粗犷坚韧、外表冷峻、酷感十足。自然、粗野的裸砖常用于室外,但在工业风中,常把这一元素运用到室内,老旧却摩登感十足。水泥墙是后现代建筑师非常喜爱的元素之一,它可以让人安静下来,静静享受室内空间的美好。工业风给人一种酷酷的感觉,少了些家的温馨,但也许正因为它足够有个性,才让许多人欣赏。

比如,坐落在浙江杭州的栖迟民宿,一进门,抓人眼球的是逐渐收窄的吧台,设计感十足,视觉冲击强烈,吧台区特意留出的4个窗孔,为的是让客人观察到不同时间、不同气候状态下苔藓的细微变化。简洁的线条、朴质的水泥,这里的每一处设计无不透露着冷峻、内敛谦和、内省的气质(见图2-8)。

图2-8　栖迟民宿

房间里没有任何多余的东西,但一些细节的体现又会让住客感动。房间里有小型柜,随时性情而至,立即能喝上一口酒。枕套和床榻套及被套的花纹,都是提取民宿所在地杨梅岭和周边的高等线地图绣制而成。

4. 田园风

田园风中的美式、法式、韩式风格比较常见,这种风格较为大众化,容易被大众接受,有的民俗甚至是几种风格混搭或者直接采用地中海风格。家具和器物的选用上还会混入中国风或日式风的设计。

比如,浙江杭州临安的无它心舍,寓意"寻一处安放心灵之地,来此别无它求",品牌立足于山野,致力于在山野秘境中为旅客开拓一个心居之所,力求在丰富、自由、有温度的乡村生活场景中,让旅客获得情感上的慰藉和精神上的共鸣,获得高品质的度假体验。隐于山野,归于田园,无它心舍从一而终从未停止过脚步,放眼于山野,一直在寻觅可以安放心灵舒适居所。在山林秘境中打造与自然为邻,与山水相融的隐世之所,让每位旅客都能在朴实无华的乡村生活里寻觅到诗和远方(见图2-9)。

图2-9　无它心舍(一)

酒店设计了18间客房,玖月是主楼,拥有20米的户外山泉泳池和温泉池,空间设计注重上下层次,有点建筑里再造建筑的概念,来增强客人在空间里的戏剧性。

叁月、肆月、拾月同属姐妹式客房,各间客房都配有高天花板和全景大窗户,浴室也不例外,泡澡犹如躺在山林里,静静地可以听见大自然的心跳。客房试图有别于日常生活的设计,尽可能地把这些日常感排除掉,每家庭院和露台都有小景和自然融为一体,幽静的竹林,涵盖了禅茶与儿童互动体验功能(见图2-10)。

图2-10　无它心舍(二)

5. 禅意风

禅意风多为中式风和日式风,禅意风格庭院的代表是中式泼墨山水式的庭院和日式洗练素描式的庭院。中式风格中正的布局,以墙、隔断、屏风打造层次感,注重窗子的取景造境。其特点是注重文化积淀,采用大量木质材料,讲究一种脱俗的意境。

比如,浙江杭州临安的斐文禅意·上客堂,坐落在天目山禅源寺旁,外墙极富特色,黄墙红瓦,你甚至可能以为这里是某个禅院。推开窗就能看到古寺,每天清早,都会听见寺庙的钟声(见图2-11)。

图2-11　斐文禅意·上客堂(一)

客房是一派禅意风格,榻榻米和小茶几,配着书法墨宝和香薰小炉,瞬间就能让你静心,当然,你还可以听着钟声去抄经室抄下几篇经文,在这里特别有一种剪断凡尘喧嚣的感觉(见图2-12)。

图2-12 斐文禅意·上客堂(二)

6. 民族风

民族风民宿在设计上结合区位特色,有一些是单一民族风格,也有一些是各民族特色结合,某种意义上也有传承的含义。其特点是具有文化底蕴、民族风情和传承意义。

比如,云南香格里拉的阿若康巴·南索达庄园。阿若康巴,藏语意为"来吧,朋友",民宿主人扎巴格丹是茶马古道的马帮后人,自小对茶马古道尤为崇敬,为传播香格里拉和茶马古道,他建造了阿若康巴·南索达庄园(见图2-13)。

图2-13 阿若康巴·南索达庄园

阿若康巴·南索达庄园,位于香格里拉独克宗古城,临近龟山大佛寺。庄园由4栋木屋组成,扎巴格丹甚至会把自己的私藏都搬来用作装饰。庄园旁的唐卡中心也值得一去,这是扎巴格丹为保护藏族传统文化在2007年联结香格里拉的土地、人民之间的关系建造起来的公益空间。

7. 复古风

复古风民宿设计中比较多民国风和明清古风,多由老宅改造而来。民国风的民宿,有着中西方文化相互冲击产生的独特风格,既有中式风格的中端大方,又有西式的开放热情。

比如,坐落在浙江宁波的书房民宿,名为书房,是一个书元素随处可见的民宿,位于宁波老城中心地段,是中国第一个以江南院落为改造蓝本的商业街区月湖盛园。

书房民宿内部有一种老上海的雅致和贵气,书无处不在,随手一摸就是张爱玲或者舒国治,电梯门口排着余华或是村上春树,电梯、房门都是书柜的模样,床头还摆着米兰·昆德拉。黄包车、留声机、海棠玻璃、大皮沙发、花砖地板,所有营造年代感的物件都用得恰到好处(见图2-14)。

图2-14　书房民宿

明清古风的民宿,使用传统明清时期家具,加入新中式设计风格的家具器物相融合。比如,北京的书香阁民宿,紧靠故宫的四合院民宿,雕梁画栋中京味十足,从民宿主人特意为房客准备的迷你小露台可以眺望周边的故宫、王府井,整个民宿从檐饰、门框雕花到家具的选择也都别具新意。房间里的家具都是木质结构,仿古造型,而且遵照传统文化对称摆放,搭配青花瓷和景泰蓝的器具,更有一种身处宫廷的感觉。墙上挂着京剧脸谱,沙发是传统的清代木质罗汉榻,高贵又不失雅致(见图2-15)。

图2-15　书香阁民宿

(三)软装设计要点

在同质化严重的民宿行业,想要脱颖而出,需要做出与其他民宿不同的特点,硬装大同小异,软装就要与众不同。民宿软装赋予民宿以个性化的生活与情感体验,而这些恰恰是一个民宿的灵魂。如果民宿只是单纯地提供住宿服务,相信更多人会选择酒店而不是民宿。

1. 民宿软装要体现原生态

民宿与酒店最大的区别就是个性化,民宿选址大多是依山傍水的风景胜地,在选择软装物件时,应结合当地风土民情,尽量使用带有当地特色的物品,融情于一砖一瓦,通过老物件向客人诉说这个地方的故事(见图2-16)。

图2-16 民宿软装(一)

> **小提示**:民宿的整体风格一定得体现自身的独有特色,切忌"拿来主义",且风格上要能融入当地文化。

2. 民宿软装要有温度

对于最初一批的民宿创业者,情怀是推动他们经营民宿的动力,因为自己喜欢某种生活方式,所以营造这样的一种生活状态,也是民宿最初吸引大家目光的地方。

亲近自然、宁静、舒适、简单,民宿追求的是一种与都市生活迥然不同的生活方式。因此,民宿设计要在舒适、整洁的基础上,更多地侧重于软饰的营造,体现人文温暖(见图2-17)。

图2-17 民宿软装(二)

3. 民宿软装要善用花草

也许你的民宿处在闹市区,没有高山也没有流水,但万万不能缺少制造氧气兼美观的绿色植物。绿色是能让人放松的颜色,逃离世俗的桃花源在人的想象中总是和一片绿色联系在一起。温柔的多肉,富有生机的藤蔓,可以装点朴素的房子,可以营造出梦境般的感觉(见图2-18)。

图 2-18 民宿软装(三)

4. 民宿软装要有主人风

一个人的生活风格是由他的经验以及阅历决定的,一个民宿的风格是民宿主人风格的实体化表现,是很难复制的独特格调。具有人格化的事物能够让人快速记住,客人满意了,客源才会更多的(见图2-19)。

图 2-19 二木和他的二木花园

四、民宿装修过程中需注意的细节

(一)房间的采光和通风

房间的采光和通风是客房最基本的条件,设计得好,还会因此提高客房的档次价位。

谁都不喜欢没有直接采光的房间,所以设计的时候就需要格外注意,"暗房"卖不出好价钱。如果客房通风达不到良好的效果,就需要安装新风系统,一般的中央空调都可以附加这个系统。

(二)房间的隔音设计

如果住客在休息时,听到隔壁房间传来此起彼伏的打呼声,又或者是电话声,那是很难入睡的。一般情况下,应选择隔音好的砖墙加上隔音棉之类的材料,尤其是做木结构的仿古建筑,解决隔音要放在第一位。

(1)洗手间的排风扇要安装在实体墙壁上,防止因共鸣而放大噪声。

(2)中央空调等大型设备室外机噪声也很大,一般会放置在房顶或者足够远处的地面。安装时,要加装减震系统,否则,夜深人静时,房间会有噪音。

(三)供水系统的设计

(1)供水最好能够满足最大入住需要,热水用量按家用的1.5倍设计,在多个房间同时用水时,供水系统要能够保障水压及水量。

(2)洗澡间要注意地面有点坡度,排水要快、地漏要多,以免积水。下水和污水管没有处理,会导致卫生间反味。如果民宿规模比较大,为了避免因管道过长而导致异味,可增加化粪池,让卫生间的污物快速流到最近的化粪池。化粪池与市政管道接通时,要弄清楚下水和污水管道。

(3)民宿经营的时间久了,墙壁容易漏水,因此,装修时最好做双层防水。

(四)用电的设计

(1)夏天或冬天空调全部开启的时候,如果因过载而跳闸就不好了,还容易导致火灾。所以,需联系当地供电局增容,电缆容量预留足够的负载。

(2)灯具要选用节能灯,电是每时每刻要用的。每天多用一点,长年累月就是一笔不小的开支。

(3)装修时,房间里多安装几个电源插口,旅客的随身电子产品越来越多,做好这些细节,能够给旅客提供很大的方便。

(4)强电和弱电安装,最好是一拨电工统一操作,虽然是不同的工种,但强弱电安装之间许多工作是需要统筹和协调的。

(五)无线网络的安装

无线网络对入住体验至关重要,一个好的网络会让客人舒服得多,如果你希望客人窝在民宿的某个公共区域,实现潜在的消费变现,Wi-Fi信号差的话肯定不行。电视机顶盒最好和网络分开,电视可用有线电视,如果用了网络电视,万一遇到客满,出现网络卡顿,电视也卡,大家都会感觉很不好。

（六）取暖的设计

空调取暖时会感觉很干，容易产生不舒适的感觉，地暖是较好的取暖方式，不过地暖一旦铺好就很难维修了，除非撬开地板来做。如果你的民宿在北方，旅客在房间的时间比较多，为了舒适起见，可选择地暖；如果是南方的民宿，可选择空调。但作为一家提供优质服务的民宿，24小时提供热水、空调是最基本的条件。

（七）房屋的结构、承重等

如果是改建民宿，就要充分考虑房屋的结构及承重等，不能超过原建筑的结构及承重范围，任何改建都必须在原建筑所能承受的范围内进行。必须选择有资质的设计及施工单位，以防出现问题时可以追溯责任并解决。

（八）房间的配套设施

民宿最为关键的是设施齐全，使用方便，让客人住着舒服。这样的体验是最基本的，也能让你的民宿有家的感觉。如果民宿聘用的员工需要包吃包住的，民宿就要留出几个房间给员工住宿，需要设计准备布草间、工具间、公用洗手间、公共淋浴设施，以及必要的日常工具，如晾衣架、衣挂架、穿衣镜等。这些必要的设施和工具都需要配备齐全。

任务五　开业筹备

民宿开业前事情琐碎繁多，如果不按照流程，详细列出要做的事项，很容易出现问题。同时，开业准备的质量也会影响到后期评价。为确保顺利开业，必须先做好开业前准备。

一、店内外清洁工作

保证店内外干净整洁，物品摆放有序。具体清洁内容包括：清洗客房及公共空间的玻璃；清洁地面及墙壁；清洁隐秘角落卫生；清洁民宿外围；清洗走廊栏杆；精细清洁打扫房间卫生。

二、地图信息标注

地图信息标注一方面利于客人导航，另一方面可以显示在微信、QQ空间、微博等客户端。地图信息可以去百度地图、腾讯地图、搜狗地图、高德地图等进行标注。标注尽量要做到准确无误，也可以请专业的地图标注团队来进行标注。

知识活页
乡村民宿筹建规划的原则

知识活页
特色民宿名赏析

三、对房间进行通风处理

新开业的民宿一个很大问题就是房间味道太重,墙壁、家具等散发出难闻的气味。开业前很重要的事情就是对房间味道处理,尽可能减弱异味。勤通风,每天打开门窗,让空气形成对流,保持房间空气畅通。每个房间可以放置几个菠萝或柚子,以散发出水果的清香。可以利用祛味清洁剂对家具、壁纸等进行喷涂。房间一些柜子、箱子、抽屉可以放置一些活性炭,活性炭对有害气体具有吸附作用。

四、拍照

请专业的摄影师进行拍照。照片包含房间照片、公共区照片、细节照片、过道照片、庭院照片、整体建筑照片、航拍照片等。拍好后,要对照片进行整理分类,以便后期续使用。

五、设置收款账号

实现收款方式多样化,可以设置现金、转账、刷卡、微信支付、支付宝支付等多种收款方式,设置不同的银行收款账户。制作微信、支付宝收款二维码提示牌,申办POS机。

六、房间测试

通过对房间的测试,能够保证客人正常入住。房间测试主要针对房间的硬件及软件,保证设施设备使用正常,处于可出售状态。

(一)房间硬件测试

(1)电器设施设备测试调控。包括对电视、空调、热水器、电热壶、电话、智能马桶、智能浴缸、智能窗帘等进行调试。

(2)洗浴系统测试。包括单间客房热水出水时间测试及全部房间热水供应时长测试。避免在房间住满的情况下出现热水不够用的情况。

(3)门窗系统测试。包括门卡系统是否正常,窗子开关是否顺畅,有无损坏。

(4)灯光系统测试。包括灯具及开关是否正常,晚上灯光效果如何,光线是偏暗还是偏强。

(5)Wi-Fi网络系统。包括Wi-Fi是否正常,信号强弱如何。尤其注意处于边角房间的Wi-Fi测试。

(二)房间软件测试

软件测试主要测试客人入住体验感如何,隔音状况是否良好,房间气味是否浓重,房间内有哪些不合理的配置及摆设。

七、用品购买及配置

购买用品的数量及价格要根据民宿自身档次及体量来衡量。一般来说,需要购买的物品包括(但不限于)以下几类。

(一)清洁用品

清洁用品,包括各种刷子、扫帚、拖把、簸箕、吸尘器、洗衣粉、清洁手套、抹布、消毒液、清洁剂、清洁袋、垃圾桶等。

(二)客房耗品

客房耗品,包括沐浴露、洗发露、护发素、润肤露、牙刷、牙膏、肥皂、纸巾、拖鞋(如一次性拖鞋)、剃须刀、针线包、擦鞋布、护理袋、避孕套等。

(三)办公用品

办公用品,包括贴纸、文件夹、A4纸、名片夹、中性笔、记号笔、剪刀、胶带纸固体胶、双面胶、订书机、计算器、复印纸、税票打印机、记账本、收据单、菜单、收纳盒、夹子、支架式黑板、粉笔、U盘、POS机、二代身份证阅读器等。

(四)维修用品

维修用品,包括折叠梯、手电筒、套装工具箱、马桶疏通器、网线、钻头套装、电笔、园艺剪刀、洒水壶、铲子、镰刀、铁锹等。

(五)日常生活用品

日常生活用品,包括指甲钳、雨伞、雨鞋套、针线盒、水果刀、晾衣架、USB线肥皂、洗衣液、啤酒开瓶器、红酒启瓶器、红酒杯、蜡烛、打火机、医药箱、电池等。

(六)厨房用品

厨房用品,包括盆、盘、碗、锅、筷子、调味品、各类厨具(如刀、叉、夹子、铲子、勺子、砧板等)、油烟机、泔水桶、托盘、洗涤蒸煮设备等。

(七)通信用品

通信用品,包括对讲机、电话机、手机、电话卡。注意:电话号码尽量好记。

(八)消防用品

消防用品,包括灭火器、消火栓箱、烟雾报警器、消防水带、应急照明灯消具、消防面具等。

八、物品归位存储

把物品进行整理归类,分别放在不同的地方,如布草间、储物间、吧台、前台并进行物品盘点,便于在使用时候迅速找到。

(一)布草间

布草间,即放置布草、清洁工具、客房耗品等的房间。

(二)储物间

储物间,即放置维修工具、杂物等的房间。

(三)前台

前台,即放置小件物品(如手电筒、指甲钳等)、办公用品等的地方。

(四)吧台

吧台,即放置水果刀、启瓶器、各类杯子等物件的地方。

九、整体设施设备测试调控

整体设施设备测试调控,即对店内的监控设备(监控设备是否使用正常、是否存在监控死角等)、音响、灯光、水泵、消防、网络等系统进行测试,保证其正常使用。

十、证件办理

硬件及软件配置好后,民宿想要正常营业、规范化发展,必须办理一些证件,包括:营业执照、卫生许可证、特种行业许可证、消防安全检查合格证、食品流通许可证或餐饮服务许可证等。

同步案例
Tongbu Anli

微课
▼

民宿筹备和运营

大理洱海民宿的野蛮发展与落幕

2009年,"沧海一粟""水时光"等客栈沿大理洱海而建,让外地商人窥见商机。2010年起,各具风格的民宿客栈林立街头,大量的财力、人力捧起了新一轮旅游高潮。本地艺术家赵青、舞蹈家杨丽萍的别墅先后在玉几岛上建成,古镇双廊开始走入大众视野。根据当地统计的数字,截至2013年6月,登记在册的客栈餐馆有207家。而随着2014年热映电影《心花路放》的播出,沿洱海环线的客栈数量达到峰值。2016年,据双廊客栈协会统计,不包括餐饮店铺,双廊镇仅客栈就有380多家。

但是,污染问题也随之而来。有4000年历史的古渔村千疮百孔,白族民居也所剩无几,一些客栈为了打造海景房,甚至填海造地、排污进洱海。2016年,洱海水质全面稳定保持Ⅲ类水质,其中5个月为Ⅱ类,洱海已经处于富营养化初期,洱海水质污染问题亟待解决。2017年初,洱海部分海域集中暴发了蓝藻。

2017年,大理迎来了史上最严的整治风暴。从2017年4月1日起,大理洱海流域的水生态保护区核心范围内,所有的餐饮、客栈经营户一律自行暂停营业,接受检查。那些对洱海生态造成威胁的客栈终究难逃被拆除的命运。据相关数据统计,截至2018年底,洱海一带被拆的客栈多达1806家。

(资料来源:澎湃新闻《民宿客栈8年野蛮发展落幕,大理迎来史上最严洱海治理令》)

思政园地

他将民宿开进汶川村子,一村即民宿,只为一个质朴的梦!

久处繁华的都市,我们总想在悠闲的岁月中觅得一份安宁。可这种安宁难得,于是我们寻寻觅觅许久,直到遇见了渔子溪畔的民宿——栖溪山景(见图2-20)。

图2-20 栖溪山景

"栖溪山景"地处四川阿坝藏族羌族自治州汶川县映秀镇半山之上,渔子溪河畔,是一处远离城市喧嚣的避世桃源。这里环境清幽,绿意盎然,房前是一望无际的花海,屋后是郁郁葱葱的山林,居于山涧,坐于茶室,享一隅宁静。住在栖溪山景,可以俯瞰映秀全景,这里四季阳光明媚,到处弥漫着负氧离子的清香,是康养胜地、天然氧吧。春季的栖溪山景是汶川绕不开的赏花景点,谷雨前后渔子溪的百亩芍药花争相绽放,花瓣从白到粉让人挪不开眼!那漫山墨绿之中,百亩花田姹紫嫣红,向大家展示着汶川的盛世"芍"华。花开之时,这里举办了"芍药花旅游节",栖溪大院独有的浪漫吸引着众多国内外游客纷纷踏至。你以为这里只有春天才美?不不不,在这里你可以春赏芍药,夏避暑,秋赏红叶,冬赏雪,一年四季都美得不像话!夏天,这里是17℃的天然避暑胜地,白天你可以穿行山间,看绿树赏花,听林间鸟叫。夜晚,你可以在这里安营扎寨,躺在帐篷里仰望星空。秋天,这里是彩色世界,一簇簇红叶,一片片绿林,一整片蓝天,一条条清澈见底的小溪……冬天,这里是童话中的"冰雪世界",一夜雪后这里的万物都穿上了洁白的衣裳。晨起尚早时,还能看冬日暖阳从山的那头冉冉升起,领略阳光映雪的惊喜。不过这里可不仅只是映秀的一个民宿、一处景点,还是映秀镇上一处温情聚集地。

"栖溪山景"位于映秀,在浓郁的家国情怀的熏陶中,这里也早已成为映秀的一处温情的聚集地,而这个民宿的创始人也是一个充满大爱的人。

"栖溪山景"的创始人邹凌,来自天津,他与汶川的故事得从5·12说起。2008年汶川特大地震发生后,邹凌带领抢险救灾团队在最危急的时刻,来到地处震中的汶川县映秀镇渔子溪村。在危难中,他带领着党员群众搜救伤员、发放物资、搭建帐篷,安抚失去亲人的受灾群众。他从汶川的一名志愿者,逐渐成为映秀镇渔子溪村党支部第一书记、汶川映秀投资集团党支部书记、董事长,成为渔子溪村老百姓的"家里人"。渔子溪村重建后,邹凌心中迸发出了一个质朴的梦想,就是"让渔子溪村成为全国最文明、美丽的乡村,让全体村民过上更富裕的生活"。为了实现这一梦想,他出钱出力,美化乡村环境,拆除乱搭乱建,打造出既可观赏又可出售的"百亩芍药园",举办芍药花旅游节,引领老百姓走上了乡村旅游之路。一手打造了"栖溪山景"民宿,试点可行后,他发动村民共同建设院落式培训基地——渔子溪大院。2018年5月,在邹凌与渔子溪村村民的不懈努力下,"栖溪山景"餐饮开始营业。2019年5月,第一期客房开始正式营业,舒适宜居的环境赢得了无数游客的喜爱。而建设还未止步,如今的"栖溪山景"仍在建设中,2020年3月,客房将扩建到50间。在邹凌的心中,这里已经是自己与渔子溪村村民与游客们共同的家。为了"家人们"生活得更好,邹凌竭尽全力建设栖溪山景,帮助有需要的村民们。在这里,渔子溪的老人们免费享受着一日三餐的营养餐,行动不便的老人还有专人送餐。除此之外,这里还设有儿童营养早餐,为全村幼儿园至高中的学生免费提供早餐。不仅如此,邹凌还将所有的经营所得分给了渔子溪村的村民们!邹凌明明是一个企业家,却更像是一个慈善家,为了一个质朴的梦想,不计得失无私奉献!听闻他的故事后,总觉得多了一个去栖溪山景一住的理由。

除了秀美的自然景观,温暖舒适的居住环境,这里还有一个让你不得不来的理由,那便是——美食!栖溪山景的餐食秉承着川菜经典,展现川菜的

民宿概论

随性洒脱,辣得风骚,麻得漂亮,酥到心坎,享有映秀"第一餐"的美誉。这里每天都会准备丰盛的菜肴,板房鸡、幸福酥肉、带劲豆花……每一道菜品都带有浓郁的藏羌特色。还有出自汶川百姓之手的香肠、老腊肉,让来往的游客们欲罢不能!房前屋后的天然有机蔬菜,更是吸引着无数游客们亲自采摘、制作,切身品味到大自然的味道。人们可以尽情地品尝着这里新鲜的瓜菜,享受着收获的喜悦,感受这里的生活气息。浓郁的藏羌民族风情藏在一道道菜肴中,人们可以边吃边品,享受这个世外桃源的宁静和美好。吃完饭往下走散散步,几分钟就能走到家国情怀宣誓广场、漩口中学遗址,四处转一转还能去牛圈沟震源点、百花大桥遗址、爱立方看看。还可以去茶祥子看看书,品品汶川非遗"大土司"!来映秀怎么能错过这么"巴适"(四川方言,指很好、舒服、合适)的地方?大隐隐于市,小隐隐于野品映秀大爱,住舒适民宿,赏秀丽风景。

项目小结

1. 介绍了区位、交通系统、区域自然环境、投资环境、当地业态与竞争等市场调研的要素与特点。

2. 分析投入成本、运营成本、投资回报、风险评估。

3. 分析市场定位、目标客户定位、营销策略定位。

4. 介绍民宿选址、民宿设计和民宿装修知识。

5. 介绍证照办理、用品购置、设备调试、财务就位等知识。

项目训练

一、知识训练

1. 民宿选址应包括哪些因素?

2. 民宿设计应包括哪些因素?

3. 民宿筹开需要准备哪些资料?

二、能力训练

某民宿坐落在山东威海荣成海滨小渔村,是三幢非遗建筑海草房院落,共有6间房。

1. 请分别为民宿及房间取一个名字,要求体现当地特色及民风特点,并符合乡村旅游度假风格。

2. 请列出该民宿目标客源市场画像。

项目三
民宿的设立

 项目描述

民宿被誉为"有温度的住宿,有灵魂的生活",运营管理团队是实现民宿有"温度"、有"灵魂"的核心竞争力,也是影响民宿经营成败的关键要素。民宿作为非标准化住宿业态,组织机构选用何种类型,岗位和层级如何设置,岗位职责和权限如何划分,团队建设如何开展,是本项目进行深入探讨的问题。通过对上述问题的探讨,旨在使学生掌握民宿运营管理团队组建的基本知识和规律。

 项目目标

知识目标
1. 理解民宿的组织结构。
2. 熟悉民宿的岗位设置与职责。
3. 掌握民宿的人员配备及安排。
4. 了解民宿的团队培养与建设。

能力目标
1. 能够为某一民宿选择合适的组织结构类型。
2. 能够为某一民宿拟定或调整满足其运营管理需要的岗位设置和职责权限。
3. 能够选择、组建、培养运营管理团队,并进行有效的人员工作安排。

素质目标
1. 引导学生增强团队意识、合作意识。
2. 引导学生掌握因地制宜的方法论。

民宿概论

知识导图

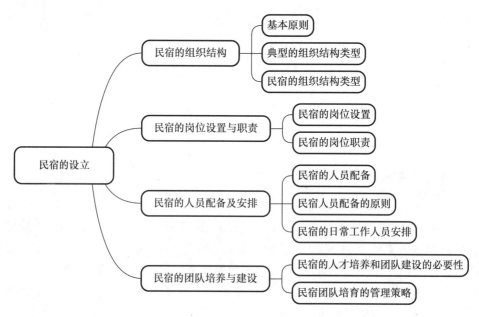

学习重点

1. 不同民宿的组织结构。
2. 民宿的岗位设置。
3. 民宿人员配备的原则及安排工作的方法。
4. 民宿团队培育的管理策略。

项目导入

民宿情怀下的理性架构者——既下山

既下山,创立于2016年。既下山是行李旅宿旗下的标志性目的地精品设计度假酒店品牌。每家既下山皆与国内优秀设计师合作,以期打造中国设计师的作品集。酒店选址或居于风貌独特的自然目的地,或改建于富有历史人文价值的老建筑,以东方设计美学重构内观式旅宿体验。2017年建成的既下山大理古城店是既下山品牌的第一家店(见图3-1、图3-2)。

虽然既下山在2017年才建成第一家民宿,但它的母公司行李旅宿却有6年多的酒店运营经验,而创始人赖国平在酒店业更是具有十年的资深经验。在2017年如火如荼发展的乡村民宿热潮中,行李旅宿创始人赖国平果断地做出了一个决定:在集团公司旗下开辟一个乡村民宿品牌。这个民宿品牌就

是既下山,定位于乡村民宿,专为热爱乡村生活的人打造。

拥有资深酒店核心团队和民宿运营人才的行李旅宿,制定了发展乡村民宿的战略之后,便迅速组建了既下山团队。在选址定位之前,便参照成熟项目的公司架构来展开工作,设立了拓展部、设计部、工程部、品牌部、营销部等部门。

有着多年酒店民宿运营经验的既下山管理者知道,好的建筑固然难得,但只要花费时间、精力,总能找到优秀的设计师共同完成一个好的酒店产品。很多民宿的建筑空间都很美,民宿主人将前期的时间、精力大多放在建筑空间的审美上,而在后期的运营以及民宿的内容打造上却稍感乏力。一般来说,在民宿里待上几天后,便让人心生无聊。如何让客人在民宿里待得更有意思,成了既下山品牌部重点考虑的问题。因此,驻店写作、艺术创作或身体计划、世界厨房、当地人课堂等一些带有在地化特色的内容产品被导入到各个既下山民宿中。

图3-1　既下山·梅里

图3-2　夜床服务赠送的甜品和日出日落时刻表

> 思考:
> 1.民宿运营管理需要什么样的团队?团队成员如何分工?
> 2.案例中的民宿运营管理团队是何种类型?岗位如何设置?
> 3.民宿从业者需要具备何种能力和素质?

任务一　民宿的组织结构

组织结构(又称"组织架构"),是指组织的全体成员为实现组织目标,在管理工作中进行分工协作,在职务范围、责任、权利方面所形成的结构体系。组织结构是表明组织各部分排列顺序、空间位置、聚散状态、联系方式以及各要素之间相互关系的一种模式,是整个管理系统的框架,是管理体系的核心。组织结构并不是一成不变的,是一种动态的结构体系,其本质是为实现组织目标而采取的一种分工协作体系。

因此，民宿的组织结构应根据规模大小、市场定位、等级、服务项目等因素的不同而不同。民宿的组织结构是民宿工作职能、管理体系的主要依靠。科学合理的架构体系有助于工作、服务质量的提升，有利于实现成本控制。民宿组织结构的设置必须以顾客满意为目标，以提升服务品质为原则，同时考虑运营成本、经营特色等因素，以实现民宿运营管理的目标。

一、基本原则

早期的民宿，一般都是民宿主亲自去经营、打理。民宿主既要当老板，又要将接待、保洁、安保、餐饮等工作全部包揽。客人对于民宿的体验感受与民宿主的主观服务意识紧紧捆绑，民宿主的个性也融入到民宿的品牌文化当中，这也是人们俗称的"老板娘文化"。

民宿业发展至今，很多新晋民宿主都有自己的主业，不希望全职投入到民宿当中。亲自打理民宿一方面工作强度高，另一方面民宿主的服务热情是会消耗完的，民宿的口碑很难稳定维持。

民宿需要一对一、24小时地为到访的客人提供服务，满足客人从预订到离店期间的一切服务需求。做民宿，不仅需要极强的主人公意识，而且需要稳定的团队。由于客栈民宿规模及档次有一定的差异，在人员架构体系中，职位及人员数量也会有差异，因此要根据每家店具体情况，遵循一定的原则来设置。

（一）运营导向原则

民宿组织结构设计的基本出发点是为了实现民宿的运营定位，赢得目标客源群体的青睐。组织结构设计时，要考虑市场定位、客户定位、核心竞争能力、盈利能力和母公司现有专业能力等多项因素。民宿所谓非标准化业态，即个性化也带来了一定的运营风险，创建民宿品牌，提升服务质量，规范服务流程，才能确保实现民宿运营指标。在组织结构设计中，应坚持运营导向的原则，充分考虑民宿业的特殊性以及民宿的特色化特点。

（二）权责对等原则

权责对等是岗位任职者在履行职责时的基本要求。在进行组织结构设计时，既要明确规定每一管理层次和岗位的职责范围，又要赋予其完成职责所必需的管理权限。职责与职权必须协调一致，要履行一定的职责，就应该有相应的职权。权责对等原则要求如下。

(1) 责任和权利互为前提。要承担责任，需要授予相应的权利。

(2) 责任和权利要对等，暗含了责任和权利的有限性，没有无限的责任，更没有不受制约的权利，享有什么权利就要承担相应的责任，没有尽到责任，权利自然就失去存在的必要。

(3) 广义的权责对等原则还包含职、责、权、利统一的原则。权责不可以随意性地授予别人,权责承担者必须具备一定的资质,被授予一定层级的职位。反过来说,就是权责实际不是授予个人的,而是授予职位的,在这个职位上,他要承担某项职责,需要组织赋予他完成该职责所需的相应权利,当他使用权利完成职责后他应该获得相应的利益。权责对等原则是职位设计工作的基本原则。

(三)精简高效原则

民宿虽然是非标准化业态,但仍属于旅游接待业的范畴,应考虑旅游接待业的行业特点,为提高运作效率,充分考虑旅游接待业服务质量及效率的特点。组织结构设计时,一方面要照顾服务标准化、人性化的需要;另一方面,也要在满足经营目标的前提下,提升整体运作效率,更好地实现经营目标。精简高效原则要求组织在设计时要考虑如下几点。

(1)现阶段尽量减少管理层次,尽可能使组织扁平化,以提高运作效率。
(2)精简管理机构和人员,降低组织不必要的运行成本。
(3)尽可能使关联度较大的职能聚集在一个部门,以提高各部门成员之间沟通、协作、运作的效率。
(4)在部门、岗位的职能与职责设计上,追求清晰化和明确化,减少责任重叠,减少多头负责,避免职责的缺失。
(5)注意信息技术的应用。
(6)合理使用劳务外包等多种用工形式。

二、典型的组织结构类型

(一)四大结构

组织结构一般分为职能结构、层次结构、部门结构、职权结构四个方面。

1. 职能结构

职能结构是指实现组织目标所需的各项业务工作以及比例和关系。其考量维度包括职能交叉(重叠)、职能冗余、职能缺失、职能割裂(或衔接不足)、职能分散、职能分工过细、职能错位、职能弱化等方面。

2. 层次结构

层次结构是指管理层次的构成及管理者所管理的人数(纵向结构)。其考量维度包括管理人员分管职能的相似性、管理幅度、授权范围、决策复杂性、指导与控制的工作量、下属专业分工的相近性。

3. 部门结构

部门结构是指各管理部门的构成(即横向结构)。其考量维度主要是一些关键部门是否缺失或优化,一般从组织总体形态,各部门一、二级结构进行分析。

4. 职权结构

职权结构是指各层次、各部门在权利和责任方面的分工及相互关系。其主要考量部门、岗位之间权责关系是否对等。

（二）典型类型

1. 直线制

直线制是一种最早也是最简单的组织形式。它的特点是企业各级单位从上到下实行垂直领导，下属部门只接受一个上级的指令，各级主管负责人对所属单位的一切问题负责。不另设职能机构（可设职能人员协助主管负责人），一切管理职能基本上都由行政负责人自己执行。

直线制组织结构的优点是：结构比较简单，责任分明，命令统一。缺点是：它要求行政负责人通晓多种知识和掌握多种技能，亲自处理各种事务。这在业务比较复杂、企业规模比较大的情况下，把所有管理职能都集中到最高主管一人身上，显然是难以胜任的。因此，直线制只适用于规模较小、生产技术、服务流程比较简单的企业。

2. 职能制

职能制组织，亦称"U"型组织。这是以工作方法和技能作为部门划分的依据。现代企业中，许多业务活动都需要有专门的知识和能力。通过将专业技能紧密联系的业务活动归类组合到一个单位内部，可以更有效地开发和使用技能，提高工作效率。

职能制组织结构的优点是：职能部门任务专业化，可以避免人力和物质资源的重复配置。便于发挥职能专长，这点对许多职能人员颇有激发力；可以降低管理费用，这主要来自各项职能的规模经济效益。缺点是：狭窄的职能眼光，不利于企业满足迅速变化的顾客需要；一个部门难以理解另一个部门的目标和要求；职能部门之间的协调性差，不利于在管理队伍中培养全面的管理人才，因为每个人都力图向专业的纵深方向发展自己。因此，职能制通常在只有单一类型产品或少数几类产品面临相对稳定的市场环境的企业中采用。

3. 事业部制

事业部制，就是按照企业所经营的事业，包括按产品、按地区、按顾客（市场）等来划分部门，设立若干事业部。事业部是在企业宏观领导下，拥有完全的经营自主权，实行独立经营、独立核算的部门，既是受公司控制利润中心，具有利润生产和经营管理的职能，同时也是产品责任单位或市场责任单位，对产品设计、生产制造及销售活动行使统一领导的职能。

事业部制组织架构的优点如下。

（1）既有高度的稳定性，又有良好的适应性。因为每个事业部都有自己的产品和市场，能够规划其未来发展，也能灵活自主地适应市场出现的新情况并迅速做出反应。

（2）有利于最高领导层摆脱日常行政事务和直接管理具体经营工作的繁杂事务，加强决策领导，使之成为坚强有力的决策机构，同时又能使各事业部发挥经营管理的积极性和创造性，从而提高企业的整体效益。

（3）有利于培养全面管理人才，为企业的未来发展储备干部。事业部经理虽然只是负责领导一个比所属企业小得多的单位，但是，由于事业部自成系统，独立经营，相当于一个完整的企业，所以，他能经受企业高层管理者面临的各种考验。

（4）事业部作为利润中心，既便于建立衡量事业部及其经理工作效率的标准，方便考核,又易于评价每种产品对公司总利润的贡献大小,提高企业发展的战略决策。

(5)按产品划分事业部,便于组织专业化生产,形成经济规模,采用专用设备,并能使个人的技术和专业知识在生产和销售领域得到最大限度的发挥,因而有利于提高劳动生产率和企业经济效益。

(6)各事业部门之间可以有比较、有竞争,由此而增强企业活力,促进企业的全面发展。

(7)各事业部自主经营,责任明确,可以使目标管理更加明确和自我控制更加有效。

事业部制组织架构的缺点如下。

(1)由于各事业部利益具有独立性,因此容易滋长本位主义。

(2)一定程度上增加了费用开支。

(3)对公司总部的管理工作要求较高,否则容易发生失控。

三、民宿的组织结构类型

(一)单体民宿的组织结构

对于单体民宿而言,自主运营模式是目前较为普遍的经营模式,民宿主会参与运营。这种模式下的组织结构可以简单地划分为"民宿主+员工"的方式,民宿主和员工都会身兼数职,一人承担若干工作任务。房间数量、服务范围的多少决定了其组织结构的设置和具体人数。房间在2—5间的民宿,一般服务范围较小,组织结构如图3-3所示。

图3-3 小型民宿组织结构

对于房间数较多的民宿,涉及的工作繁杂,一般情况下,其服务范围也更广泛,员工的岗位设置会进一步细分,如图3-4所示。

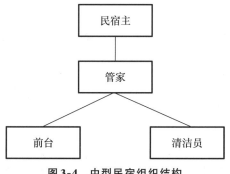

图3-4 中型民宿组织结构

（二）连锁民宿的组织结构

连锁经营的民宿是指拥有2家门店以上的民宿，其门店可以是自主运营的，也可以是托管的。除了每家门店有相应的组织机构设置以外，还需要有一个强大的高管，即运营团队，如"总经理＋设计部总经理＋运营部总经理＋工程部总经理＋运营部副总经理"（见图3-5）。

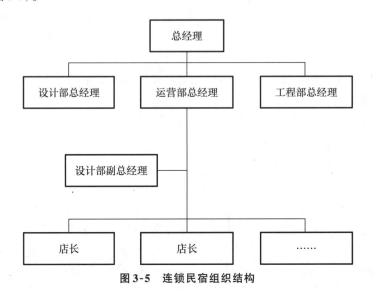

图3-5　连锁民宿组织结构

连锁民宿的每家门店的团队搭建中，人力、财务、采购、市场与销售、预订、客房、管家、餐厅、厨房、宾客活动、工程，每个部门或者分支的工作都缺一不可，这些工作内容不需要细分到独立部门，但是需要有专人来负责相应模块的运营。每家门店组织结构可参考单体民宿组织结构设置。

同步思考
Tongbu Sikao

常见的民宿组织结构是否符合管理学的一般规律？在实际的民宿运营、接待服务中，同一岗位的不同员工如何进行分工合作？

任务二　民宿的岗位设置与职责

一、民宿的岗位设置

（一）民宿主

民宿与酒店等标准化业态相比，最大的吸引力和最明显的特征是"主人文化"，这是贯穿民宿设计、运营等全链条的灵魂。民宿主既可以是民宿当地人,也可以是民宿所在地的"移民"。民宿主将自己的情怀、兴趣爱好、人生阅历,民宿所在地的风土人情、历史文化等融入到民宿的设计、装饰、服务接触中,形成了民宿独有的气质、文化,成为吸引客人入住的首要因素。

同步案例

宛若故里:看媒体人如何打造民宿第一品牌?

位于广州的宛若故里是一帮行外人跨界做的民宿,却在短短两年内成为中国民宿第一品牌,一篇文章卖了1000万,估值超过一个亿。

宛若故里的创始人叫金杜,是《南方都市报》以前的高管,是资深媒体人、营销人,媒体圈中少有的既会写又会管公司的双栖人才。金杜其人,是少有的采编、经营全能型媒体人,她以乡愁为痛点,以乡村出游为热点,用"宛若故里"继续践行媒体人的理想。与很多媒体人一样,金杜选择了民宿作为创业方向,将其叫作"宛若故里",紧抓时代公共痛点"乡愁"。

对传统民宿和酒店来说,唯一的产品就是房间,但对于宛若故里来说,其民宿产品远远不止于房间。打开宛若故里的公众号,你会发现除了可以预订房间之外,还有各种其他活动和产品。有188元一份的丽江排骨,也有去斯里兰卡游学的预售,还有2899元一张的风琴沙发。

创始人金杜说,"宛若故里"不仅是一家民宿,更是一个"有情、有趣、有用、有品"的创业平台。宛若故里的产品是:房间+X。就是围绕一群与金杜一样有情、有趣、有用、有品,有故里情怀的人,以民宿为中心,提供一整套的生活体验服务。

以前,酒店的产品止于房间;现在,民宿的房间、美食、攻略、文章、社群、游学、在地活动以及用户的体验流程设计,与用户能感知的一切,线上与线下,都是产品。

(资料来源:《宛若故里:一篇文章卖了1000万,2年时间估值一个亿,看媒体人如何打造民宿第一品牌?》)

(二)店长

有不少单体民宿主将民宿作为副业,并不亲自参与民宿的运营,而是交由店长负责实际的运营管理工作。店长将代替民宿主通过服务接触,将民宿"主人文化"传递给客人和员工。连锁民宿品牌的店长通常会固定在一家门店,并兼管相邻门店的运营管理工作,所以选择一个认同"主人文化",并具有团队管理能力的店长对于民宿主而言是至关重要的。

（三）管家

管家是民宿团队中事务非常繁杂的职位。有些民宿主会安排管家履行一定的管理职责，相当于店长的角色。管家对内会负责院落和客房日常的卫生检查、民宿设施设备的维护、民宿体验活动前的准备等；对外负责包括保障基础设施的供给、维护邻里关系、保障客人安全、提供个性化服务、处理突发状况等。民宿管家的能力和服务品质是最能直接影响客人感受的，所以管家的重要性和稳定性要比其他岗位的要求更高。一般管家还要具备一些提供个性化服务的技能，如要懂得摄影技巧、插花或者烹饪等。

（四）前台

民宿前台除了给客人办理入住登记、结账离店手续之外，还负责接听电话、协调安排工作，以及行李寄存服务。除此之外，前台还会扮演客服的角色，负责更新OTA平台的信息、跟进OTA订单、民宿粉丝群的维护等工作。所以，前台岗位的人要有责任心、工作细致、情绪稳定等。

（五）清洁员

民宿清洁员主要负责民宿房间及公共区域的保洁工作。卫生问题是出门在外的人永远关心的问题。清扫员需要进行床品的一客一更换、卫浴用品、杯具的消毒，地面的清洁，垃圾的清理以及其他细节的整理，让客人住得放心，住得舒心。

（六）其他岗位

1. 厨师

有些民宿设有厨房，可以提供餐饮服务。小型民宿的餐饮是由喜欢烹饪的民宿主来提供，规模稍大的民宿就需要寻找有特色的厨师。民宿主会根据自家民宿所在的地理位置、民宿定位及目标客户群里的分类来确定餐饮的方向。例如当地菜厨师，会为客人提供地道的本地菜肴；烘焙，会为客人带来西点体验；西餐，会让客人体验不一样的异国风味。总之，餐饮要有特色，厨师要能抓住客人的嘴。

2. 司机

很多民宿位于乡村郊外，对于非自驾游的客人而言，交通是一大问题。民宿专车接送为客人提供点到点的服务，也是民宿的一大卖点。司机可以是民宿员工，甚至由民宿主兼任。

3. 导游

为客人量身定制旅游线路，体验不一样的当地风情也是民宿的一大卖点。民宿主或管家等可以兼任导游这一工作。

4. 新媒体运营

除了传统OTA渠道，越来越多的民宿关注新媒体的应用，"粉丝经济""内容营销"等成了民宿营销的热词。因此，不少民宿会设置专职的文案或新媒体运营岗位。

新媒体文案主要负责公众号的日常更新，包括选题、二次原创/原创、编辑、排版；在新媒体上策划有传播力、有趣、有意思、有意义的活动和事件；负责撰写品牌相关文案，包括品牌手册、在地客栈介绍、物产产品文案等。

新媒体运营负责公众号的日常运营和推广，以及数据分析；通过运营和推广上的方法，帮助公众号做传播、"涨粉"；负责关注行业动态、竞争对手动态，不断优化和迭代运营。

二、民宿的岗位职责

（一）岗位职责

1. 岗位职责的含义

岗位职责是指一个岗位所要求的需要去完成的工作内容以及应当承担的责任范围。岗位，是组织为完成某项任务而确立的，由工种、职务、职称和等级等内容组成。职责，是职务与责任的统一，由授权范围和相应的责任两部分组成。

2. 如何设置岗位职责

（1）根据工作任务的需要确立工作岗位名称及其数量。

（2）根据岗位工种确定岗位职务范围。

（3）根据工种性质确定岗位使用的设备、工具、工作质量和效率。

（4）明确岗位环境和确定岗位任职资格。

（5）确定各个岗位之间的相互关系。

（6）根据岗位的性质，明确实现岗位的目标的责任。

（二）民宿的岗位职责描述

1. 民宿岗位职责描述的必要性

相较于酒店这类标准住宿业，民宿作为非标准住宿业，虽然体量小，组织架构简单，但工作范围可能更为广泛，工作内容更为繁杂，再加上民宿团队常常是一人兼任数职，存在更高的服务失败的风险，导致客人投诉的风险更高。因此，对民宿的岗位职责进行描述更为必要，以避免工作上的争议，减少沟通和管理的成本，降低服务失败的风险。

2. 民宿岗位职责描述示例

1) 民宿店长

民宿店长的岗位职责如表 3-1 所示。

表 3-1　民宿店长的岗位职责

岗位名称	店长	直接上级	公司运营部	直接下属	管家、前台、清洁员	定员	1人
基本职责	全面履行民宿的经营、管理、安全、服务等监管职责。							
工作内容	（1）全面主持店面的管理工作，拟定及配合总部的各项营销策略的实施； （2）执行、下达民宿内各项任务，并做好巡察监督工作； （3）做好民宿内人员的分工管理工作； （4）监督消耗品的供货、消耗、补货，做好进货验收、商品陈列、商品质量和服务质量管理等有关工作； （5）监督民宿商品损耗管理，把握商品损耗尺度，控制成本； （6）掌握民宿各种设备的维护保养知识； （7）监督民宿内外的清洁卫生，负责安全、防火等作业管理； （8）了解顾客需求、喜好，并尽力创造更多的顾客满意和惊喜，妥善处理顾客投诉和服务工作中所发生的各种矛盾； （9）负责对员工的培训教育。							
任职要求	（1）专业不限，酒店管理、旅游管理专业优先； （2）具备良好的宾客服务意识和服务态度； （3）为人诚实正直，态度端正，工作认真负责，充满热情； （4）有良好的团队合作精神和沟通、协调、应变能力； （5）具备基本的英语听说能力； （6）对生活充满热情，对新事物充满好奇心。							
员工签名								

2) 民宿管家

民宿管家的岗位职责如表 3-2 所示。

表 3-2　民宿管家的岗位职责

岗位名称	管家	直接上级	店长	直接下属	前台、清洁员	定员	1人
基本职责	负责客人抵店前、住店期间与离店时三个阶段的全面接待工作，在基础工作流程之外为客人带来更多的惊喜和感动。							

续表

工作内容	(1)实时掌握预订宾客信息和房态、天气、交通等信息,提前做好服务准备; (2)负责宾客从入住到退房的全程贴心服务,包括客房服务、餐饮服务、宾客活动等; (3)作为宾客服务的主导者,统筹、协调各部门共同为宾客提供优质专业的管家服务; (4)与宾客保持良好的沟通,了解宾客各方面的需求和意见,并及时落实与解决; (5)及时有效地解决宾客投诉,以及协调处理民宿突发事件; (6)熟悉酒店管理系统,掌握前厅服务的专业业务和技能,为宾客办理入住登记和离店结账手续; (7)准确掌握酒店各类信息,为宾客提供问询服务。
任职要求	(1)专业不限,有房务或前台工作经验者优先; (2)具备良好的宾客服务意识和服务态度; (3)为人诚实正直、态度端正,工作认真负责,充满热情; (4)有良好的团队合作精神和沟通、协调、应变能力,并能熟练操作电脑。
员工签名	

同步案例

一个民宿运营店长一天的工作盘点

职位:民宿运营店长。

店面概况:坐落于大理双廊某海景精品民宿,20间房量,全年ADR>700,涉及一个水吧、可同时容纳50人就餐的中/西综合餐厅,人员配置9人。

工作时长:定岗为8小时制(07:00—18:00),标准时段会根据季节性情况调整,由于季节性变化,冬/夏季在早餐开餐时间上会有差异调整,工作时间会随之调整;实际是弹性工作,由于是店面总控,其实上下班时间是可以自己掌控和调整的。

开始工作程序如下。

06:40 到岗。

06:40—07:00 开班前巡查店面(公区卫生、公用设施、餐品食材、前台工作)。

07:00—07:15 班前早会(通报巡查情况,了解员工工作反馈,下发当天任务)。

07:15—08:00 调控当天房价房量,确保收益最大化。各岗位回岗工作(前台交接班、公共区域保洁员做卫生清洁、厨房早餐备餐)。

08:00—10:30 用户回访(用户早餐用餐时和退房时是用户回访最佳时机,最容易拉近和用户的距离,可以最真实地了解用户满意度)。

10:30—12:00 成本管理、出入库管理、采购（上一天物资出入库汇总、成本统计、计划未来物资采购需求）。

12:00—13:00 午餐、午休。

13:00—13:40 客人个性化需求监督执行（因为我们是主打蜜月旅行，会涉及很多用户的个性化定制和仪式性活动的布场）。

13:40—14:0 入住前查房（每位客人入住前需检查房间卫生、设施等，此项工作视情况而定，可以委派完成）。

14:00—15:00 各协调性事宜处理（有关于店面的、客人的、销售的）。

15:00—16:00 预留时间参加高层会议（因为是连锁品牌，会不定期涉及参加会议。之所以在这个时间段，是因为要以店面运营工作为导向，这个时间段手头事情基本处理完）。

16:00—17:00 培训会。

17:00—18:00 工作计划梳理（当天出租率提升，解决尾房，了解后一天入住用户情况、掌握用户需求，了解出租率情况调整价格、对接销售渠道、后一天临时性采购事宜安排）。

18:00以后 正常是用餐下班，但一般我会选择和当天入住客人品品茶、聊聊天，18点以后基本是自由时间，但是需要处理值班人员无法处理的客人投诉和一些临时性问题。

（资料来源：《一个民宿运营店长一天的工作盘点》）

任务三　民宿的人员配备及安排

一、民宿的人员配备

（一）单体民宿

单体民宿的运营团队以"民宿主＋员工"的模式居多，即"一人多岗，相互协作"的模式。根据民宿主参与度的不同，会选择性地增设店长或管家的岗位；根据民宿体量的不同，员工会进一步细分前台、客服、清洁工等岗位；根据民宿自身的特色和服务内容，会针对性增加岗位，如负责餐食的专业厨师、负责带客人游玩的导游等。新增的岗位有时由民宿主或管家来担任，以更大化地发挥员工的效能；有时由当地居民来兼任，一方面能更突出当地的特色，另一方面也促进了当地居民的就业和增收，促进了邻里关系的和睦。

（二）连锁民宿

连锁品牌的单店人员配置与单体民宿基本类似，只是将民宿主改成店长管理而已。但由于民宿是做连锁化经营,每年都有对外扩充门店计划,所以一般都会有店长与管家的储备人选分散在各门店学习与工作。

二、民宿人员配备的原则

民宿是服务行业,"人"这一要素非常重要,温馨的人性化服务都是由人来提供的。民宿是非标准化的服务业,个性化的服务特色也是由人来创造和提供的,"人"这一要素更显其价值。而民宿又是商业运作的实体,租金与人工成本为最大的成本,所以民宿主既要从运营成本上去考虑人员的配备,尽量开发员工潜能、节约人力,又要考虑充分发挥员工价值和潜力,使其最大化。

(一)在地性

民宿经营要与当地居民和谐共存,为当地居民创造就业机会。民宿管家可以在本地居民中挑选合适的人选进行培养,这样也能减少人员流动性。民宿管家可以按照本地人、外地人1:1的比例进行招聘,一般的优先顺序是:人品过关、性格和善、可塑性强、有团队意识。1:1的比例是因为:一般外地员工更容易上手工作,但是稳定性不够;本地人稳定度高,但需要时间来培养。保洁、厨师、采购一般要当地人,基本要求是真正有工作的需求和团队意识。

(二)价值观认同

做民宿,不仅需要极强的主人公意识,还需要稳定的团队。因为民宿独特的属性和气质,对团队的标准又显得与众不同,甚至更加苛刻。换句话说,做民宿需要找到志同道合的人,一方面将民宿独特的属性、文化和气质传递给客人;另一方面面对无尽的琐事,需要更加稳定的团队共同完成。然而,招不到合适的人或者招到后留不住人,越发成为民宿人的痛点。树立民宿的自我价值观,同时给年轻人充分的信任,也是留住年轻人的方法之一。当员工认同民宿主的价值观,会对工作更有兴趣,工作时会有更大的动力,那么他就会留下来,和民宿共同成长。

(三)培养复合型人才

民宿的属性和岗位的性质决定了团队成员需要"多面手"。创业初期的民宿更应该找全能型的伙伴,除了基本的工作能力,如果还会做饭、拍照、写文案,那会是锦上添花。当然,如果对方没有这样的加分项,只要人够机灵,也愿意学习,后期花时间慢慢培养,能达到身兼多职的水平,也是可以节省人力成本的。

(四)学习和成长空间

给予员工可预见的晋升机制与职业发展规划也是民宿人员配备的原则之一。这一原则主要适用于资本推动的品牌民宿,因为有了公司化的运作,员工有了更多的上升空间,更明确的晋升机制,招人、留人的问题就不是那么迫切。员工觉得在这里不仅仅只是一个磨炼场、一个跳板,更是一个平台、一个安心的职业环境。建立这样的心灵屏障,更易留住核心人才。单体民宿也应该在培养人才上注重学习和成长空间的设置,让员工在工作之余通过培训、访问交流等形式拓宽视野、提升技能,从而更好地为民宿服务。

三、民宿的日常工作人员安排

(一) 预测工作量

1. 淡旺季

民宿淡旺季特征明显,尤其是依赖自然地理风光的民宿。双休日、节假日、寒暑假等旅游旺季往往是一房难求,工作日却门可罗雀,因此,民宿应根据预订情况,预测工作量,确保人员安排的合理性。

2. 行业标准与规范

《旅游民宿基本要求与评价》(LB/T 065—2019)要求,乙级民宿在夜间应有值班人员或值班电话;甲级民宿除值班人员外,宜提供接送服务,方便游客抵达和离开。因此,已经获评或准备参评的民宿,应充分考虑相关政策和行业标准的有关要求。

(二) 人员工作安排

1. 人员配比

民宿人员配备是根据民宿自身体量大小、客房数量、服务内容来确定的。一般小型民宿的人员配备数量和房间数量的配比为1:(0.3—0.5);而体量稍大些且提供服务的内容较多的高端民宿,其人员数量与房间数配比是1:(0.8—1)。

2. 班次安排

民宿每日运营可分为三个班次:早班为6:30—16:00;中班为13:00—22:00;夜班为22:00—次日6:30。

应对淡旺季的客流量的差别,民宿可采用员工无特殊情况旺季停休、淡季补休的制度。

3. 用工形式

民宿可采用"固定+灵活"用工的方式,管家、前台、客服等对客人感受影响比较明显的岗位采用固定用工的形式,对清洁工、厨师等非面客岗位可采用外包、兼职等灵活用工的形式。

4. 采用小组作业制

民宿许多工作,尤其是客房清扫工作、搬运布草等工作,劳动强度较大,既可以采用个人单干的形式,也可以采用两人一组的形式进行。采用两人小组的工作方式,不仅可以提高员工的工作效率,还有利于降低劳动强度,提高员工工作安全系数。

同步案例

从小而美的民宿到大大的"乡村活化"梦想——墟里

2018年,对于温州永嘉的墟里民宿来说,是一个丰收之年。这一年,墟里得到了太多的民宿行业大奖,如"十大最具投资价值的民宿品牌""最有影响力的民宿"等。

而追溯到2015年刚开业的墟里,就遭遇了不知在哪招聘店长、管家的难题。或许是为了寻找同伴,或许是为了证明自己回乡创业不是一个错误,墟里的创始人小熊在微信公众号上写了一篇招聘帖:我相信,在这个世界的某些角落一定有我的同伴在等我,我不仅想找管家,还需要他(她)和我一起来创建一个乡村民宿品牌,所以,找遍世界也要找到这样的你。这篇招聘帖迅速在朋友圈蹿红,上百万的阅读量,1000多人给小熊回信,希望能和小熊一起共创民宿事业。

在寻找同伴的过程中,小熊也在不断思考墟里的发展方向。从小对物质生活要求不高的小熊认为能在自己喜欢的乡村生活和工作,还能接待全世界爱好乡村生活的人,本来就已经得到了生活的犒赏,所以小熊很少去考虑物质上的回报。但当一群人共同从事这个行业时,投资回报的测算,如何让更多人体面地在乡村生活和工作,也成了小熊最需要考虑的问题。

虽然小熊坚信一定会有人和自己一样,期待乡村生活,但1000多封的求职信,还是让小熊意外,同时也让她更加坚信乡村事业的选择是对的。而无意中寻找乡村工作伙伴的招聘帖,也让墟里在开业之初就成为"网红店",那些没有来求职的阅读者也将自己的下一次旅游目的地定在了墟里。

原以为孤军奋战的小熊终于迎来了自己的同伴,当然,这1000多封求职信,最终也来了不少人,而在或长或短的工作期后,很多人选择了离开,但也有人留下来。这段时间,小熊在律师事务所养成的提前规划的行事准则发挥了巨大的作用。

人员的管理、岗位职责的设定、未来的发展空间、和村民友好的相处之道等问题都需要提前规划,完成了前期设计和施工工作的小熊开始慢慢摸索和试错。同伴之间的惺惺相惜,让墟里一群人的梦想走得更远,小熊关于乡村创业的想法也更加全面。已经运营的墟里·永嘉店和墟里·贰号店都只是一栋只有3间房的小民宿。但正是这种小民宿呈现出的巨大影响力,当地村民才开始意识到老房子的魅力,原来在城市打工的当地人也回村工作了。

2015年12月,走上运营快车道的墟里正式成立公司来运营墟里品牌,并吸纳了一群有乡村梦想的合伙人。除了小熊,还吸纳了另外3位合伙人。而此时,墟里也坚定了自己的乡村"墟里"绝不仅仅是民宿或者酒店,墟里要做的事情是发现和传播中国乡村的美与价值。因此,在墟里·永嘉店和墟里·贰号店的基础上,墟里开始了整村运营。

(资料来源:严风林.深度拆解20个经典品牌民宿[M].武汉:华中科技大学出版社,2020.)

任务四　民宿的团队培养与建设

一、民宿的人才培养和团队建设的必要性

(一)市场需求大量人才

随着民宿数量的剧增,规模化、产业化、连锁化和集群化成为民宿行业发展的必然趋势,在此情景下必然需要大量适配的民宿人才加以运营管理和接待服务,由此产生了巨大的民宿人才缺口。此外,由于民宿产业的纵向发展,市场对相关民宿人才队伍建设的需求更加迫切。

(二)难以招引满足要求的民宿人才

民宿作为一种新型业态,区别于酒店等标准住宿服务,其发展沉淀的时间较短,人才培养等相关结构体系较弱,人才培育和供给环节尚未得到重视。另外,公众对于民宿这一新业态的认知程度尚浅,缺乏对民宿运营、管理和服务方面的了解。

对于部分民宿而言,会就近寻找当地村民作为员工,但是当地村民可能其服务意识、契约精神都无法与专业的酒店、民宿从业人员相比较,难以保证民宿的服务品质。消费者初来乍到会感到新鲜,但新鲜感过后就会因为服务不到位感到不舒适,会有严重的逃离心态。对于外来应聘者,大多对职位定位不清晰,过分美化管家、店长工种,求职意愿模糊。

(三)难以留住优秀人才

目前,服务于游客的民宿人才大多是"80后""90后",存在诸多因素影响其稳定性。
(1)在职管家、店长热爱该岗位,但因交友、结婚生子等原因无法长时间扎根山村。
(2)两年的山村工作周期让他们产生了审美疲劳,出现瓶颈效应。
(3)多数民宿需要处理在地化关系,这本身需要极高的交际能力和应对素质,并且需要能够协调在地住户和消费者的关系,而往往年轻人缺少这方面的能力,工作过程中时常遇到挑战,从而打击其积极性。

人才难题除了以上原因,人才的晋升问题仍是大多数单体民宿不得不面对的现实。单体民宿受限于民宿自身的体量和组织架构,从业者很难在其中获得很高的职业发展空间,薪酬增长空间有限,天花板效应明显。这也是民宿留不住年轻人的症结所在。民宿要考虑自身的发展,就不能不考虑从业者的发展问题和晋升规划。但是对于单体量的小民宿而言,这是难上加难的问题。民宿人才流失的原因如表3-3所示。

表 3-3　民宿人才流失的原因

原因类别	具体描述
情感诉求	娱乐、交际、情感的需求得不到满足
兴趣缺失	重复工作,没有晋升,缺少培训
归属缺失	个人价值和荣誉归属得不到满足
薪资不满	薪资缺乏吸引力,没有涨幅调整
福利不足	缺少基本保障,没有五险一金,或其他待遇不足
工作环境	枯燥乏味,业态单一,自我束缚
团队建设	缺乏沟通,架构不明,责权不分
职业发展	与自身规划不吻合、不满足、不一致

综上所述,民宿旅游领域有人才需求大、招不来和留不下等问题存在,这使得激发团队成员潜力、稳定团队成员成为民宿管理工作的重中之重。

二、民宿团队培育的管理策略

(一)团队成员的招募

民宿也如同其他公司一样,运营管理的过程存在生命周期,大致分为三个阶段:创业初期、稳定期、成熟期。不同的阶段所需的人员能力和素质存在一定的差异。

1. 第一阶段(创业初期)

因为民宿刚开业,也就是创业初期,各方面都在磨合,找身边熟悉并且工作积极的人较为合适。面对每天各种琐碎的小事,民宿初创团队以民宿主或亲朋好友为主,因彼此熟悉,存在一定的默契,便于工作的安排与开展,同时,可以更好地进行互补工作。纵观行业实践也不难发现,初创民宿大多有几名合伙人,这些合伙人大多基于以往长时间的交往,对彼此存在较高的信任和默契,能较为顺畅地推动民宿项目的落地。另外,找到全能的复合型人才对初创的民宿也至关重要,有利于团队成员发挥擅长领域的优势和彼此分工明确。

2. 第二阶段(稳定期)

民宿运营到半年左右,一般就进入稳定期,知名度有了一定基础,运营管理初步形成模式,现有员工对工作流程逐渐熟悉。这一阶段,需要开始提升民宿的服务品质,增加创新服务的内容,可以通过各类招聘网、论坛、社交媒体等渠道,招聘具备"特长"的专业技能人才。比如OTA专业人才、厨艺好的阿姨、甜品师或者咖啡师等,根据店内具体的情况分析,确保人员跟上店里经营情况。招募的这些具有专业技能的人才,可以使其成为固定的团队成员,也可以是灵活用工的专业人员,如义工。

同步案例

大理最美民宿招募:"有才艺的你",一个月免费食宿,等你来体验

大理最美民宿"纾悦"是一个只拥有4间精品房的小屋子,是一个独门独户的小院。2020年,最美民宿·纾悦的主理人大理妮子在知乎上发布了这样一则招募帖子:

2020年9月开始,大理最美民宿"纾悦"特别推出"特长型人才招募计划"!只要你是行业精英高手,"纾悦"全免费包吃包住10—30天!我们这次要做什么?你要有什么特长呢?十八般武艺你不必样样精通。本次要找的特长型人才是这样的:

文章高手:特别擅长写文章的文艺女青年,注意,一定是文艺女青年!(文艺男青年不在此范畴)。

卡通高手:特别擅长画卡通的艺术女神!(艺术男神不在此范畴)。

摄影高手:非常优秀的摄影女达人!(抱歉,男摄影师不在此范畴)。

摄像剪辑高手:不仅会拍摄,还会剪辑的美女多面手!(抱歉,男神不在此范畴)。

(如果你有其他特长,或在其他领域上获得非凡成就,也欢迎你联系妮子。)

待遇如下:

如果在以上四大高手中,你擅长并精通其中任意一个,欢迎来到大理最美民宿——纾悦,参加这次活动。此次民宿将提供大理最美民宿——"纾悦"备受好评的精品房中价值498元/天的全免费——"最美大理·食+宿"深度旅居体验。特别提示:你不需要像义工一样付出劳动性的服务,可以任意选择10—30天的大理全免费·深度旅居生活体验。(交通费自理)

要求如下:

假如你是文章高手:你只需每两天出一稿你在纾悦的体验式文章,详细题材和主题,可以是关于大理,可以是关于纾悦,可以是关于妮子,可以是你纯粹唯美的大理感受……

如果你是一位卡通插画师:以"妮子+一只狗+两只猫"作为主配角,题材和主题同上。

如果你是高级摄影师:只需两天出一组5—10张的高品质照片,题材和主题同上。

如果你是一位视频高手:三天出一条高质量的3—20分钟视频,题材和主题同上。

(资料来源:《大理最美民宿招募:"有才艺的你",一个月免费食宿,等你来体验》)

3. 第三阶段(成熟期)

民宿运营到成熟期时,业务已经稳定,也有了固定的粉丝群,在市场上有了一定的品牌知名度。民宿也已经形成了制度,内部工作流程顺畅,各个职能岗位人员基本稳定。这时,民宿需要考虑给予团队进行梯队建设。一方面,通过培训快速批量复制基础员工;另一方面,给予团队成员,尤其是年轻人可预见的晋升机制和发展空间,如民宿度假品牌西坡在2018年开启了合伙人模式,让优秀的人才可以伴随西坡一直成长。另外,员工本地化也是西坡人力资源的重要原则。在开业的项目中,本地员工占比超过70%,这一比例还将持续提升,西坡希望通过培训返乡创业青年、返乡优秀大学生,为西坡提供优秀的人力资源保障,也为当地乡村民宿的发展提供全新理念和新鲜血液,来实现民宿团队的血液供给和团队成员的共同成长。

(二) 团队成员的培训

多数民宿遵循三个用人原则:年轻化、本地化、热情高。对于民宿而言,针对年轻人员工的特征,通过多样化的持续培训,既可以充分挖掘年轻人的潜力,强化民宿"非标"的属性,提升民宿自身的竞争力,又可以增加年轻员工的技能,将年轻员工吸引进民宿。民宿的培训一般包括如下内容。

1. 专业能力方面

1) 设备设施使用

员工入职时,通过培训及具体实操,熟悉了解店内各种设备使用方法。在店内或者客房内设施设备出现问题时,能够及时解决处理。如前台的POS机、发票打印机、复印传真一体机、验钞机、对讲机等设备的使用,房间内智能电视、淋浴、空调地暖等使用,店内的电控、灯控、水控系统、消防设备使用。有些地区,消防人员会不定时过来检查消防设施设备使用情况,如果员工使用不熟练,会面临一定的罚款风险。

2) 突发事件处理

民宿在经营过程中,可能会遇到各种突发事件。如果发生突发事件,员工在第一时间内没能够正确处理,会造成额外损失。很多员工之前没有经历过突发事件,遇到突发事件时,会慌张,不能够沉着冷静地应对。在处理方法上,不够合理完善,造成一系列遗留问题。突发事件处理培训可以从下面四个方面着手解决。

(1) 了解可能遇到突发事件的种类,如停电、火灾、客人突发急病、发生盗窃等。

(2) 如何在第一时间内正确处理,把损失降到最低。出现某些突发情况,如火灾,损失是避免不了的,能做的就是把损失降到最低。

(3) 在淡季或者入住率低时,对可能出现的突发事件进行演练,并现场处理。

(4) 对处理流程、细节进行分析总结。如模拟在火灾现场拨打火警电话时,如何精准地把火灾地点、火灾情况说清楚。

3) 专业技能

技能培训是重要的培训内容,员工只有不断提高技能水平,才能促进民宿的健康持续发展。应通过培训,让员工熟悉OTA、房态管理网站等后台操作。如熟练掌握

OTA后台价格修改、开关房态等，熟悉营销推广平台及营销推广方法，了解微信公众号、头条号注册使用流程，学习H5页面制作、公众号文章排版、摄影修图、撰写文章等。通过培训学习，让员工能够胜任一些的简单营销推广。

4）服务培训

服务的重要性对民宿不言而喻，服务培训是一个较为系统的培训，需要对服务意识、服务理念、服务技巧等内容进行全面讲解培训。在培训过程中，可以模拟各种服务场景，在服务场景里来提高员工的服务水平。

2. 生活素养方面

1）文化修养

我国的民宿多数分布在旅游景区周围，外来游客基于对当地自然风光或者人文景观的喜爱而来，他们希望更多地了解当地的历史文化或风俗民情，而民宿主就成为传播当地文化的媒介，这就要求民宿团队成员具有较高的文化素养，知晓当地历史和风土人情，并且乐意向游客介绍当地情况，分享民间故事。除此之外，民宿从业者的个人综合素质直接决定游客的入住体验，人们更乐于对文化素质较高、待人接物较为随和的民宿主产生好感，从而更好地体验民宿生活。同时，民宿团队成员的艺术素养和审美水平也直接或间接地影响民宿的设计风格和生活体验，部分民宿主的创业动机是实现自己的艺术追求，他们会将自己对于音乐或者美术的见解融入到民宿的运营理念中，和游客在一定程度上能够达到情感的共鸣。因此，民宿主需要在生活体验中增加艺术情调，让游客参与到相应的艺术创作中，或者对民宿团队成员进行文化修养方面的培训，通过其才艺展示的方式拉近民宿与游客之间的距离，使游客通过不同的艺术形式体验民宿的生活性。

2）日常社交

民宿从业者和游客的日常交流互动在一定程度上决定了游客对于民宿的喜爱程度，亲切有效的交流不仅使游客更快地适应新的环境，而且能够避免一定的文化冲突。所以，对于民宿团队成员而言，温暖的沟通方式是连接顾客的桥梁，是需要学习和完善的一种经营方式。有效的日常社交不仅为游客的生活体验加分，而且在一定程度上会影响民宿的口碑，进而影响民宿的入住率，而日常亲切的社交能够让游客感受到温暖，这正是民宿区别于普通酒店的优势所在。

（三）团队成员的激励

民宿想要取得竞争优势，"人"的因素是重中之重，要想充分调动团队成员的积极性和主动性，必须有一套完整的激励机制。激励机制包括薪酬体系、晋升机制、人文关怀等方面。薪酬体系是简单而有效的激励方式之一，它能够直接地体现个人的工作价值以及民宿对其个人的价值评估。与市场脱节的薪资水平缺乏吸引力，无法稳定团队，更无法调动团队的积极性。

制定可预见的晋升机制与职业发展规划是另一种有效方式。对于连锁民宿或资本推动的民宿品牌，大多采用这样的方式来稳定其民宿团队。因为有了公司化的运作，员工会有更多的上升空间。更明确的晋升机制，对民宿团队的稳定能起到很大的作用,也能够充分地调动团队的积极性。

人文关怀是所有卓越的企业所注重的。想要留下优秀员工,稳定民宿团队,除了持续的培训、有效的晋升、丰厚的薪酬,还需要软性的东西以维系团队成员的心。员工虽说是做事的,但更应该是民宿大家庭中的一分子,民宿主应当创造和谐的家庭氛围,让员工慢慢具有"家"的概念,这样的相处之道才会更加长久和稳定。对于年轻员工来说,他们虽然在意薪资、晋升空间、培训体系,但是他们更关注工作环境的舒适性以及能否实现自身价值。所以,对于民宿主来说,加强人文关怀和提供一个可持续成长的空间是非常有必要的。

思政园地

从游子归乡的民宿情怀到乡村的可持续发展——五号山谷

民宿的精髓在于主客共建、共享。在体验经济背景下,对于民宿,游客希望获得的是借由这个特定空间衍生出的氛围、互动与收获。简单地说,"民宿"应该是"民的生活,宿的空间""宿的形式,民的发展"。民宿应该是看上去很美,住起来很好,玩起来很嗨。

强调"民的生活,宿的空间"是要充分发挥乡村性在民宿发展中的核心作用,突出乡村文化、乡村特色、乡村关系在民宿发展中的意义和价值,让民宿真正成为独具特色的住宿体验形式。"宿的形式,民的发展"主要是通过民宿这种住宿体验,不仅带动民宿主的发展,而且要带动乡村就业、乡村经济、乡村社会、乡村能力的发展。

作为依托于乡村的住宿体验形式,要对乡村的发展有客观的认识。一方面,要认识到乡村是一个整体,而不是可以挑挑拣拣的作品。乡村的振兴离不开建完善社会治理、重塑文化肌理、尊重乡村居民、提高造血机能和增强意识觉醒等,这些也是推动乡村民宿更加健康有序发展的需要。另一方面,乡村民宿不仅应该在带动乡村新业态发展和周边经济复兴方面发挥作用,还应该积极致力于吸引越来越多的城里人和当地人回归。只有这样,才有利于乡村在加强对外交流的过程中沉淀与传承优良传统,促进整个乡村社会的进化,把乡村作为一个"大舞台",激活乡村的空间价值。

正如位于张家界的五号山谷民宿,是全球十大必睡民宿之一,也是让都市人"为一间房,赴一座城"的高端民宿引领者,引领着张家界乡村度假,其创始人陈子墨在北京打拼多年,于2012年决定回到张家界,开始在家乡发展自己的事业。陈子墨一开始选择用残破的祖屋装修改造成民宿,这一决定也是有他自己的考虑的。在他年轻时期,离开家乡前往北京奋斗时,陈子墨就从事于张家界的旅游行业。在北京的从业过程中,陈子墨办过旅游网站,做过旅行社。这样的从业经历,自然使得陈子墨对旅游业态有不同的见解。

民宿概论

回归家乡的陈子墨，将第一栋祖屋改建成了有4间房的高端民宿。第一栋民宿改造完成后，因为民宿主陈子墨过往的工作经历，在旅游圈内引起了不小的轰动，凭借这样的影响力，陈子墨有了更多的发展空间，之后他又让人修建了湖南省第一个面临山谷的无边泳池，并流转了200亩梯田作为山谷的景观配套。不计成本的陈子墨，将祖屋改造成了美丽的民宿，吸引了许多慕名而来的客人，而后又用4年时间改造了另外4栋房子。在经营的过程中，陈子墨考虑到应当带动当地村民一同发展，而不仅仅是让自己的民宿一枝独秀。由此，在未来的民宿建设中，只要有在地的村民加入，陈子墨都会让他们占有股份。

有了带动当地村民一同发展的意识后，陈子墨在整栋民宿的未来改建中，无论投资金额是多少，他都会让当地村民占股10%—20%，而且还会给当地村民预留合适的工作岗位，并为他们做相应的专业技能培训，让他们能够胜任司机、咖啡师等服务岗位。基本上在民宿旺季的时期，村民的月收入也能达到近万元。

五号山谷的运营人员，无论是店长、管家还是保洁阿姨，都以当地人为主导。陈子墨表示，刚开始当地人没有服务意识，不懂社交关系，但这些都不重要，都可以慢慢培训出来。

五号山谷的培训机制与酒店的标准化培训不同，更多的是一种感情的培训，要求从业者对待客人要像对待远方的亲人一样。为了让五号山谷的客人真正体会到宾至如归的感觉，陈子墨夫妻也会让民宿的店长、管家走出去，去体验其他民宿业态，了解更多的高端服务形式，通过潜移默化的方式，让从业人员体会到高端服务的内涵和实质。

陈子墨曾说："因为老家和根都在这里，回到这里的初衷也是为了陪伴家人。希望通过自己的努力，为当地村民就业致富贡献一份力量。"这是五号山谷创立的愿景和规划。

（资料来源：严风林《深度拆解20个经典品牌民宿》，人民网《乡村振兴战略中民宿该如何发》）

项目小结

1. 介绍了民宿搭建组织架构的基本原则、典型的组织架构类型及民宿组织结构的类型。

2. 介绍了民宿的岗位设置，阐述了岗位职责的内涵和设置方法，并对民宿店长、管家的岗位职责进行了阐述。

3. 介绍了民宿人员配备的概况、原则以及日常工作如何安排人员的数量、班次、工作方式。

4. 阐述了民宿团队培育的必要性，分析了民宿旅游领域人才需求大、招不来和留不下等问题的原因;从人员招募、培训、激励等方面阐述了民宿团队建设的管理策略。

项目训练

一、知识训练

1. 民宿的组织结构类型有哪些?
2. 民宿店长的岗位职责包括哪些?
3. 民宿人员配备的基本原则包括哪些?
4. 民宿团队培育可采取哪些管理策略?

二、能力训练

1. 假设未来你要筹建一家拥有20间客房的乡村民宿,请问你将如何搭建这家民宿的组织机构和运营团队?
2. 民宿的哪些岗位不可或缺?为什么?请谈谈你的观点。

项目四
民宿产品开发

项目描述

民宿产品与民宿的运营者和消费者密不可分,是民宿运营过程中的重要一环。本项目通过对民宿产品的定义、策略选择以及开发等内容进行讲解,使学生掌握民宿产品的基本知识和必要技巧。

项目目标

知识目标
1. 了解民宿产品的概念与构成。
2. 了解民宿产品组合与策略选择。
3. 了解民宿新产品开发的过程及民宿的组织结构。

能力目标
1. 能够运用民宿产品组合的创新策略。
2. 能够掌握民宿新产品的开发原则。

素质目标
1. 引导并培养学生以行业和市场为前提的民宿产品设计能力。
2. 提升民宿产品的品质及实用性。

项目四　民宿产品开发

知识导图

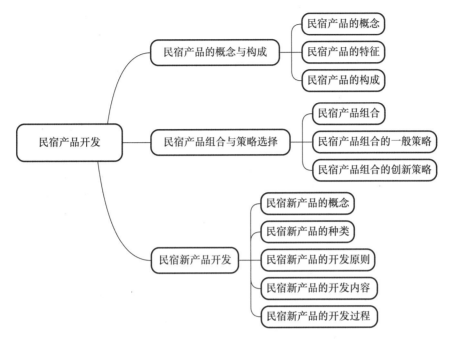

学习重点

1. 民宿产品的不同特征。
2. 民宿产品的组合形式。
3. 如何进行民宿新产品开发。

项目导入

建在云端上的民宿——过云山居

过云山居位于被誉为"江南最后桃花源"的丽水市松阳县，海拔约650米，位于明清古村落西坑村最靠近山崖的绝佳位置，民宿三面山景，视野一览无余，过云山居的正对面便是过山谷，一年中有超过150天呈现壮丽云海，且云海气势如虹，势若潮水奔腾，因此堪称江南最后的仙隐桃花源。这里视野极佳，了无遮挡，推门就是一个"V"形大峡谷。

过云山居，这个由旧屋改造的民宿，被称为"民宿奇迹"，就如同它的名字一般，云在这里没有距离感，当你躺在床上、坐在沙发上，只要你打开门窗，就会看到云海汹涌地向你扑过来。置身于云海变幻中,任何人都会忍不住惊叹一声(见图4-1、图4-2)。

图4-1 丽水松阳图　　　　　　图4-2 过云山居

如今,过云山居早已成为国内入住率较高之一的精品民宿,一直保持近100%的入住率。而爆款入住率的原因和过云山居精准的选址建造不无关系。

过云山居的初始建筑,是由一栋20世纪90年代水泥建筑和一栋老宅构成。内部结构封闭不通透,浪费了近在咫尺的云海。建造者选择把一楼全部打通,面朝云海的那堵墙,用大幅的落地玻璃窗代替,借景入室。入口的地方被命名为"小客厅",客人可以坐在榻榻米上,像一家人一样一起喝茶、看云。同时,公共空间正中是一张长桌,可以容纳10—20人用餐。请来的大厨,每天用当季的松阳食材奉上创意法餐。二楼原来有着室外走廊,里面全是不通风的房间,阴暗潮湿。建造者巧妙地将走廊换到了里面,2栋房子,8个房间,以壹、贰、叁……一直到捌朵来命名。每间房都有坐看云海的大露台,无须踮脚,就能吻一朵云。房间里,除了完美视野,还有超大浴缸,面朝山谷。

过云山居的室外空间占了一半,客栈内部的设计留白比较多,主要目的是让住在这里的客人将更多的视线、更多的情感放在室外,和云在一起。户外则有2处露台。一处进门可见,留了一面夯土墙做云海的玄关。另一处露台大且开阔,原本是山体斜坡,搭建后凌驾在海拔高度650米之上,与云比肩。露台延伸部分做成了户外活动区域,特地辟出亲子活动区域。修建露台的时候,保留了斜坡上的几棵老银杏树,秋日黄叶铺地,树下饮茶、玩耍,都是风景。冬日漫山银白,耀眼的日光散发着一圈圈光晕,让人昏昏沉沉犹如梦境。如此美景,让人初次谋面就爱上,不舍得离开。

任务一 民宿产品的概念与构成

资源本身不是产品,民宿资源只有进行产品的包装和创意,经过民宿规划或者是营销,然后进入市场的环节才是民宿产品。民宿产品是民宿活动的核心,民宿产品对于民宿业的发展和民宿的成功经营都具有重要的现实意义。

一、民宿产品的概念

民宿产品是指民宿企业为客人提供的能够满足客人需求的任何有形的可以计量的物品,以及在这些有形物品之上的无形服务之和。民宿产品是一种商品,生产方式有开发和创造两种类型,功能是满足民宿及民宿客人的需求。

二、民宿产品的特征

(一)综合性

民宿经营者提供给民宿消费者的民宿产品,是为了满足他们在民宿活动过程中的多方面的需求,因此,民宿产品的综合性表现在它是由多种住宿设施、餐饮设施、民宿吸引物、活动项目及多项服务组成的混合性产品,它既包括精神的劳动产品,也包括非劳动产品,是一种综合性产品。

民宿活动的综合性和民宿消费者需求的多样性决定了民宿产品包含的内容较多,因此,在生产和经营民宿产品时要全面规划、协调各产品之间的比例关系。

(二)不可转移性

民宿产品的不可转移性表现在产品销售后的所有权变更方面。相对于一般的物质产品,民宿消费者支付货币后只获得了特定时间和地点上对民宿产品的暂时使用权,而不是永久性的所有权。民宿活动结束后,民宿消费者获得的是一段民宿经历,是在特定的时空中对民宿产品的消费,既无法转让,也无法出借。

民宿产品的不可转移性决定了民宿经营者应及时将民宿产品的信息传达给消费者,加强宣传和促销活动,以吸引消费者来到民宿。

(三)无形性

民宿产品对于民宿消费者来说是民宿经历中所需要的全部服务,对于民宿来说则是借用一定的设施和条件所提供的全部服务。因此,只有当民宿消费者到达民宿,享受到民宿服务时,才能感受到民宿产品的使用价值。这也说明民宿产品形象在民宿消费者行为决策中具有重要影响。

另外,无形性还表现在民宿产品的价值和使用价值不是凝结在具体的物体上,而是凝结在无形的服务中。只有当民宿消费者在民宿中享受民宿服务时,才能认识到民宿产品使用价值的大小;也只有当民宿消费者消费民宿服务时,民宿产品的价值才真正得以实现。

(四)生产和消费的同步性

民宿产品的生产(经营)和消费常常发生在同一时空背景条件下,密不可分,二者往往是一个过程的两个方面:民宿产品在生产开始的同时消费也即刻启动,消费结束时生产也不再进行。这个特性使民宿产品与一般消费品表现出巨大的差异,并深刻地影响着民宿经营原则的建立和管理方式的选择。

一般消费品从生产到消费往往要经过一系列的中间环节,包括储存与运输。生产与消费在时空上可能存在的差异,使企业在生产过程结束后,动员各种技术手段对产品的质量进行检验。凡不合格的产品,企业都会将其予以剔除,杜绝劣质商品进入市场。然而,民宿产品的生产和消费过程几乎同时在同一空间进行,生产者与消费者直接发生关系,民宿消费者(顾客)只有而且必须加入生产的过程中去才能最终消费民宿产品。这无疑使民宿的经营者面临着更为严峻的挑战。

首先,民宿产品的生产过程中,民宿消费者参与民宿产品生产过程的事实迫使民宿的经营者重视如何有效地引导消费者正确地扮演他们的角色,如何鼓励和支持他们参与民宿产品的生产过程(民宿的体验过程),如何确保他们获得足够的民宿经验,以达成生产与消费过程的和谐进行。事实上,民宿所提供的追加利益越多,就越关注民宿消费者的参与过程。

其次,民宿从业人员与消费者的互动行为,也严重地影响着民宿产品中所包含的服务的质量,以及民宿与住客的关系。由于民宿服务要按照民宿消费者的要求及时生产出来,所以一般在生产车间进行质量管理的办法行不通。另外,客人的需要存在着自然的差异,对民宿产品的质量评价因人、因时、因地而异,这样,提供民宿服务的人员是否有足够的应变能力,以确保民宿服务能达到每一个民宿消费者所期望的质量水平就非常重要。民宿从业人员与消费者在沟通中出现的任何误会,所提供的服务有任何不可接受的缺陷,都可能影响民宿消费者对民宿产品的评价,甚至使民宿就此失去这些客人。

(五)不可储存性

由于民宿服务和民宿消费在时空上存在同一性,没有民宿消费者的购买和消费,以服务为核心的民宿产品就不会生产出来,因此,民宿产品不可能像其他有形产品那样,不断地生产并储存起来,留待以后销售。对民宿而言,民宿产品的效用和价值是不可储存的。民宿产品的效用和价值不仅固着在地点上,而且固着在时间上。例如,客房一天无客人预订入住,当天客房的价值就得不到实现,虽然这间客房第二天可能被预订,但该客房只能实现第二天的价值,而未被售卖的这一天的客房价值,则永远无法得到补偿。因此,民宿必须十分关注自己产品的使用率,并想方设法地进行提高。这也是很多民宿对其产品实行差异定价,以及运用各种营销手段去满足市场需求的根本原因。

（六）文化性

民宿消费者进行民宿活动,有一部分原因是为了满足精神文化方面的需求。民宿产品既然以满足民宿消费者的需要为其核心价值,其所包含的民宿活动、项目都渗透了文化的内涵,也就不难理解有些民宿产品包含了当地文化,这本身就是一种文化活动,因为只有在一定的文化背景之下,民宿消费者才会产生文化认同。同样,一定的民宿设施、民宿从业人员的服务,也蕴含民宿所在地的文化因素。在民宿的日常运营中,比较成功的民宿产品,大多重视文化内涵的发掘与结合,这样才能激发消费者内心的文化认同感,满足其精神文化方面的需求。

三、民宿产品的构成

（一）民宿产品的一般构成

民宿产品的一般构成包括:核心部分(如设施及服务);形式部分(如形象、品牌、特色和声誉);延伸部分(如优惠条件和其他附加利益)。

（二）民宿产品的需求构成

民宿产品的需求构成包括:基本民宿产品和非基本产品。

（三）民宿产品的供给构成

民宿产品的供给构成包括:民宿设施、民宿服务、民宿伴手礼。

同步案例
Tongbu Anli

千岛湖是国家5A级旅游景区,被亲切地称为"江浙沪地区的后花园",是长三角周边游非常爱去的目的地之一。淳安县宋村乡,一个隐匿在千岛湖深处的山水秘境,一条白云溪贯穿宋村乡的所有村落,最终注入千岛湖,浙江省白金级民宿"鱼儿的家"就坐落于此。民宿的选址、客房、餐厅都极具当地特色,此外,民宿还有自制的伴手礼(见图4-3、图4-4)和当地土特产,如鱼儿醉、纯手工芝麻糖、溪水绿头酱鸭、番薯干、雪梨膏、板栗等,不仅让民宿客人可以吃得美滋滋,还能把民宿的美味带回家。

图4-3 "鱼儿的家"民宿伴手礼(一)

图4-4 "鱼儿的家"民宿伴手礼(二)

任务二　民宿产品组合与策略选择

一、民宿产品组合

产品的功能组合也称为产品的搭配,是指一个企业提供给市场的全部产品线和产品项目的组合或搭配。民宿产品的功能组合是指民宿经营的全部产品线的组合方式,包括各类民宿产品的组合或搭配。

二、民宿产品组合的一般策略

(一)单一化产品和多样化产品策略

采取单一化产品策略还是多样化产品策略,既取决于民宿的人力、物力,也取决于民宿的定位,更取决于市场需求。

（二）标准化产品策略和差异化产品策略

要加强民宿产品组合的一致性，在特定区域内获得良好的声誉，或者减少产品组合的一致性，以进入各种不同的领域。

标准化产品策略不仅仅指民宿应该建立各种规章制度，加强培训与质量控制，以保证自己提供的产品与服务达到一定的标准与水平，更重要的是民宿提供的产品与服务能够为更多的旅游者所接受，达到一个相对的高标准。

差异化产品策略指的是民宿在市场竞争中不断开发与提供新产品、新服务，强调自己的产品和服务不同于竞争者，优于竞争者，进而使客人更偏爱自己的产品与服务。

三、民宿产品组合的创新策略

社会经济的发展和科学技术的进步，使民宿产品的科技含量进一步提高，升级换代速度日益加快，行业的竞争也越来越激烈，因此，不断创新产品是提高民宿核心竞争力的必然趋势。根据民宿产品的整体规划，产品创新的战略重点主要由核心产品、形式产品、期望产品、附加产品、潜在产品五个方面构成。

民宿产品创新应遵循市场导向原则和产品特色化原则，不断创新其产品和服务。同时，民宿还应根据社会环境及发展趋势，充分利用自身的资源，选择适合自己的产品创新策略。

（一）长短结合策略

长短结合策略也称为"储备策略"，既考虑到民宿的短期利益，又考虑到民宿的长期利益，着眼于民宿的长期、稳定、可持续发展。采取这策略的民宿一般有四种产品：一是正在生产和销售的产品；二是正在研制或已研制成功，等待适当时机投放市场的产品；三是正在研究设计的产品；四是开始市场调研，处于产品构思、创意阶段的产品。

（二）主导产品策略

民宿应尽量提供类型齐全的产品，并且还要拥有自己的特色和主导产品。主导产品是民宿自身的资源条件和客源市场双向驱动的产物，在一定时期内相对稳定。

（三）高低结合策略

高低结合策略是指高档产品与低档产品相结合，以满足不同消费层次的需求，提高民宿经营的覆盖面。

（四）创新与模仿策略

创新与模仿策略，即不同革新程度的策略，是指民宿根据不同细分市场的需求，为了占领市场，获得经济效益而灵活采取的一种策略。它包括全部创新策略、拿来主义策略、仿制改进策略等。

任务三　民宿新产品开发

一、民宿新产品的概念

民宿新产品是指与老产品在技术、功能、结构、规格、实物、服务等方面存在差异的产品，它是与新技术、新设计、新需求相联系的产品。它有两个含义：从经营者的角度看，民宿新产品是本店以前从未生产和销售过的产品；从消费者的角度看，只要是与现有产品不同的民宿产品或者凡是能给消费者带来某种新的满足、新的利益的产品和服务，均可称为民宿新产品。

二、民宿新产品的种类

（一）全新型新产品

全新型产品是指为了满足人们的需求，开拓全新市场而运用现代科技手段创新的产品，这种产品在市场上从未出现，主要是针对民宿产品的核心部分进行创新，如新开发的菜肴、新产品的预订、结算或客户管理系统等。对于现代民宿而言，可以开发的全新产品主要是一些功能性的设施设备、全新的体验活动及全新的组合与管理模式。

（二）换代型新产品

换代型新产品是指在现有产品的基础上，做出重大变革后所形成的产品，主要是针对民宿产品的形式部分进行改进。比如，客房重新设计装修、民宿的分体式空调改为中央空调加地暖等。

（三）改进型新产品

改进型新产品是指在原有产品的基础上，不进行重大变革，仅对原有产品进行局部形式的改变，主要是针对民宿产品的延伸部分进行改进。比如，更换服务人员的服饰，以及根据当地居民的口味变化对菜单进行部分调整。这是民宿吸引消费者，保持和拓展民宿市场的一种重要手段。

（四）仿制型新产品

仿制型新产品是指市场上已经存在，本民宿对该产品进行引进或仿制后经营的产品。这种仿制型产品还包括在国际市场上已经出现过但在国内市场上尚属首次问世的产品。

三、民宿新产品的开发原则

在设计和开发民宿新产品时,为使产品更具持久的生命力,建议遵循以下几项基本原则。

(一)市场导向原则

这是设计和开发新产品原则中最重要的一条。新产品的设计和开发必须在调查研究的基础上,首先考虑客人,即市场的需求。这种需求可以不是现实的,只是潜在的,但它必须是真实的,在许多时候是可以量化的。

不断设计创新产品的最终目的就是要更快、更多地将产品销售出去。因此,民宿新产品开发与设计必须牢固树立市场观念,以市场需求作为产品创新的出发点。要树立市场观念,应做到以下几点。

第一,要根据社会经济发展及对外开放的实际情况进行市场定位,确定客源市场的主体和重点,明确产品开发的针对性,提高经济效益。

第二,要根据市场定位,调查和分析市场需求和供给,把握目标市场的需求特点、规模、档次、水平及变化规律和趋势,从而形成适销对路的民宿产品。

第三,针对市场需求,对各类产品进行筛选,加工或者再创造,然后设计,开发和组合成具有竞争力的产品,并推向市场。

(二)产品特色化原则

求新是人们普遍具有的一种心理。进行民宿新产品设计和开发必须注意和利用这种求新心理。特色化原则在民宿新产品开发与设计中,需要考虑的是以下几点。

第一,应以民宿资源及其所在环境为基础,进行产品的设计和开发,特别要注意在其产品设计中注入文化因素,建设文化型民宿,以增强民宿及产品的吸引力。

第二,要充分考虑产品的定位、质量及规模,突出产品的特色,努力开发具有影响力名牌产品。

第三,要随时跟踪分析和预测民宿产品的市场生命周期,根据不同时期目标市场的变化和需求,及时开发和设计适销对路的新产品,不断改善和完善老产品,从而保持民宿企业的持续发展。

(三)合理的经济效益原则

经营民宿的重要目的之一是获取利润,设计和开发民宿新产品的目的之一也是保证新产品给民宿创造利益。因此,进行可行性研究很有必要。

讲究经济效益,要处理好近期与远期的关系。比如,新增的某一设施在一定时期内未给民宿带来良好的经济效益,甚至可能亏损(如体育健身设施、桑拿房等),但同时也需要从长远考虑,看这项产品能否带来长期持续的经营收益。

（四）不断完善充实原则

任何产品都不可能从一开始就是十全十美、毫无改进的余地，民宿产品更是如此。一项新产品的推出之初可能受到旅游者的欢迎，从而给民宿带来良好的经济效益，但我们不能因此而满足，以为万事大吉，坐等客人上门即可。相反，应该不断改进，不断完善，不断创新，才能吸引越来越多的旅行者，创造出更大的经济效益。

四、民宿新产品的开发内容

民宿并不只是住宿的地方，它最主要的功能是将当地的人文、自然景观与生态特色融合在一起，让旅客融入当地的生活。因此，民宿产品的开发可以从以下几个方面开展。

（一）民宿的风格

民宿应结合所在地域、民俗风情等，开发风格独具的民宿产品。从建筑风格，到内部装修的风格，都要与当地文化与现代美感相融合，促进自然与人文景观的协调，充分体现民宿的质朴的生态美，提升游客的审美体验。

同步案例 *Tongbu Anli*

凤凰古城作为有代表性的古镇，是苗族、土家族等少数民族的聚集地。这里的民宿大多颇具少数民族风情，在保护和搜集当地文化特色的基础上，通过创意的方式营造出少数民族异域氛围。从建筑的装修到屋内的饰品都尽可能简约、复古，体现出当地淳朴的少数民族气息（见图4-5）。

图4-5　凤凰古城

民宿的风格还体现在民宿主的个人风格上。有一种说法是，民宿卖的是情怀，而这种情怀就是主人的情怀，是主人的故事，通过民宿这一载体，与客人共享。民宿主可以通过自媒体的方式,用文字或直播的方式分享生活和感悟,或者拍摄微电影等,把自己的粉丝吸引而来。或将当地文化或者故事进行编辑,以二维码的方式呈现,让游客通过手机扫码进行解读和学习,也能增加互动体验,比如藏红包、捉迷藏等。

(二)民宿的内部结构设计

(1)民宿是体验经济和共享经济下的产物,民宿的主题百花齐放,既有古朴、回归自然的民宿,也有与现代生活科技相融合的民宿。

(2)在民宿的布置和装饰方面,民宿主可以发挥创意进行创意布局,将自我对生活文化的感悟融入其中。

(3)根据民宿所在地的文化特色,民宿的内部设计可充分使用文化元素,装点文化产品,让游客足不出户,就能感受到当地浓郁的文化氛围。

(4)民宿可以使用当地的原生态的食材,在公共区域进行展示,让游客参与其中,在餐饮体验中感受当地文化。

(5)信息化手段也可以融入房间的设计中。例如,房间内部的开关控制智能化,全部通过入住游客的手机控制,包括灯光的照明变化、电视的选台、窗帘的关闭等。甚至引进无人机鸟瞰风景全景、VR虚拟空间场景体验回归历史等,都是不错的创意选择。

(6)民宿的交互性特点也需要民宿主营造一个别具特色的公共区域,也便于让来自各地的游客与民宿主一起交流,分享互动。

(三)民宿的服务

民宿作为旅游产业的新业态,自诞生起便以独特的主题和格调吸引游客的眼球,而民宿若想获得长久发展,必然要不断改进服务项目和服务内容,促使服务向着个性化、多元化、精细化方向发展,那么"私人定制"便是精品民宿改进服务的一个突破口。

不同主题风格的民宿除了在外观建筑布局、内部装修、室内陈设摆件等设计体现既定的主题之外,在对客服务设施和服务用品的设计也应该沿用该主题,设计系列用品,也可作为伴手礼相赠。采用私人定制法改进服务用品,创新服务项目受益颇多。其一,起到品牌宣传和主题强化作用,能够加深游客对民宿的印象,有利于提高游客对民宿的好感,从而可能产生回头客效应;其二,促进二次消费,生活用品是必不可少的消费品,无论在目的地还是客源地,客房简单的生活用品满含独特情调,对游客而言无疑是一种惊喜,甚至让游客产生购买欲望,促进其购物行为的产生。

民宿体验除了静态的创意建筑和实物展示,还需要在民宿活动、乡土特色中去展示,创意的点子活动将点燃游客的旅行记忆。以旅游者为主导,从路线、方式和服务着手,为客户量身打造具有浓郁个人风格的旅行;提供空间和材料,让当地人邀请游客品尝特色小吃,体验手工蜡染,以及手工草鞋等制作,让游客参与其中,深度体验。可以从本土特色服饰、民宿演绎、饮食文化等方面深入挖掘特色所在,开发出适合游客的物品或体验,让游客尽情融入当地感受文化的同时,也能捎带一些特色伴手礼,将记忆打包带回家。这样,在弘扬文化的同时,也提升了当地旅游产业的附加值。

五、民宿新产品的开发过程

(一)产品构思与筛选

民宿新产品开发的第一个阶段就是实施调研,以搜集产品构思。民宿产品创意的来源不仅仅是依靠民宿主,而是多方面的,如民宿管家、消费者、竞争者、产品研发专家、分销商和供应商等。其中,最具发言权的当数民宿产品的直接使用者(消费者)和民宿服务的直接提供者(民宿主)。他们能真实地了解市场需求,并提出最客观的产品构思。

1. 民宿内部人员

民宿内部人员,即民宿的主人以及民宿的其他工作人员。其中,民宿主、管家或其他直接服务于宾客的员工的创意,是民宿内部创意的主要来源。他们与客户直接接触,能及时了解顾客的需求、意见和建议,他们的创意最能体现顾客的需求;民宿的服务人员在直接对客服务中,常常能观察和洞悉到客人的偏好及他们乐意接受的产品,他们的构思能直接反映顾客的意见。

2. 消费者

民宿只有通过分析消费者反馈的意见和建议,才能开发出迎合他们需求的产品,从而更好地满足消费者的需求,留住老顾客,吸引新顾客。

3. 竞争者

民宿产品的构思有的来源于竞争对手产品的启发。民宿有时采取分析竞争对手的产品宣传信息或亲自到竞争对手的民宿去消费的方法进行产品的模仿或借鉴。

4. 分销商和供应商

分销商直接与市场接触,能提供特定消费者的需求信息,为民宿提供产品构思的最新信息。供应商能及时向民宿提供有关新技术和新材料的信息,有助于产品构思的形成。

5. 其他来源

除上述来源外,民宿还可以通过网络、行业专家等途径获得产品构思。

通过第一个阶段产生的大量构思,并不都能付诸实施,要对这些构思进行比较评价,摒弃获利较小或亏损的产品构思,保留少数几个有吸引力和切实可行的构思。

在进行筛选时,要考虑民宿的内外部条件及经营能力,即评价产品构思与民宿经营目标是否一致,如一致则保留,如不一致则放弃。评价民宿是否有经营新产品的技术、生产销售和财务等方面的能力,如有则保留,如无则放弃。评价民宿是否具备开发新产品的时机,如有则保留,如无则放弃。

(二)产品研制与开发

首先,对构思成形的产品进行商业分析。商业分析是预测一种产品概念在市场上的适应性和发展能力。其包括预测产品的销售量、成本、利润额及收益率;预测产品开发对投入、成本费用、利润的影响；确定目标市场、预测市场趋势、分析产品的市场竞争状况等。

其次，在对产品进行商业分析后，确定该产品有开发价值，就进入产品的实际开发阶段，将产品概念研制成样品，该样品应满足以下三个条件：消费者认为该样品体现了产品概念报告书中所描述的关键属性；在正常使用情况下，该产品能安全地发挥其功能；该产品能以预计的制造成本生产出来。

最后，在开发服务性产品时，除了必须注意服务产品的实体性要素外，还要注意服务产品传递系统的建立与测试。

（三）产品上市

首先在产品正式上市前，需要进行产品的试产试销。民宿将产品样本研制出来之后，就要根据企业自身的目标市场状况，制定相应的营销组合策略，及时将部分样品投放到市场中去，初步获悉消费者对该样品的反应，然后改进和完善产品，调整市场营销策略。

在通过前期的分析和试验后，一旦民宿决定将产品商品化，就要处理好产品上市的成本费用、上市的时机、上市的地点、面向的目标市场及应采取的营销组合策略等方面的问题。

1. 新产品上市的时机

一般民宿在完成产品的试产试销后，应尽快将产品投放市场。但是，如果此时竞争者的产品开发工作也已经完成，那么就要视情况而定。

一是先行上市。这样，民宿就能获得先行者优势，优先选择分销商，优先占领市场。

二是平行进入。这样，民宿就能与竞争对手共同分担产品上市推广的促销费用。

三是推迟上市。这样，竞争者已经为产品促销付出了代价，产品已经被消费者接受，消费者也会对产品提出改进意见，后进入的民宿就可以节省促销费用，提供更能满足消费者需求的产品。

2. 新产品上市的地点

民宿新产品在哪个城市或地区上市，还是在某几个城市、地区同时上市，民宿主需要就不同城市和地区的消费者对该产品的需求强度进行评价和选择。

3. 面向的目标市场及营销策略

特定的产品往往是为特定的目标市场设计的，只能满足这部分顾客群的需求。因此，特定的产品应到相应的人群中去推广和促销，如民宿亲子活动应面向都市家庭市场去营销，营销策略也应有针对性。

（四）搜集反馈

新产品在市场上销售一定时间后，通常会暴露出一定的缺陷。因此，民宿主应时常对客人进行跟踪回访，搜集宾客对该产品的意见和建议，不断改进产品，提高产品质量。同时，消费者的信息反馈往往将成为下一个新产品创意的重要来源。

思政园地

浙江临安：打造传承红色记忆的民宿

"北上那年"民宿位于浙江杭州临安大明山脚下。与一般的小清新小田园式民宿不同，这里是临安市"红军标语"文物保护点。1934年12月2日早晨，中国工农红军北上抗日先遣队（原红七军团）第十九师和军团政治部共3000余人，由寻淮洲、刘英等率领从湍口出发，经唐溪、岔口、苦竹坞、葛家、秀上、大岭坞、大明山，于中午前后抵达横溪桥、白果庄。当红军还在行军途中，白果乡乡长王在沼和豪绅王文士已探得红军行动情报，即在白果庄汽车站打电话给昌化县政府报告了红军的行军动向，请调部队前来堵截。后暴发了著名的"侯头之战"。"北上那年"民宿就是当年这场战役的红军部队指挥部所在地（见图4-6）。

图4-6　北上那年

民宿主郑雪涛介绍，时过境迁，这栋原本有着近百年历史的古宅早已破败不堪。一直从事古建筑修缮工作的他就承担起了文物保护点的修复工作。他一心想向来住宿的朋友介绍红军历史、各种老物件背后的故事，最终决定将古宅打造成有红色记忆的民宿。

"之所以叫'北上那年'，则是为了纪念红军那年北上的岁月。在民宿设计上，保存房屋的主框架不变，外立面与外墙不变，最大限度地留下历史痕迹。如今，外墙上还可以看到'农民暴动起来打土豪分田地''加入红军打帝国主义去'等宣传标语。内部则采用传统木质结构梁架，精致的木雕、石雕也在述说着那段峥嵘岁月。我对古宅、老物件的热爱与日俱增，对那段红色历史也愈发痴迷。现在我正从全国各地收集红色资料，希望把红色民宿做得越来越好。"郑雪涛说。

（资料来源：文旅中国，https://author.baidu.com/home?from=bjh_article&app_id=1615912352881051）

项目小结

1. 介绍了民宿产品的概念、特征及构成。
2. 介绍了民宿产品组合及策略。
3. 介绍了民宿新产品的概念、种类，以及民宿新产品的开发原则、内容及过程。

项目训练

一、知识训练
1. 什么是民宿产品？民宿产品有哪些特点？
2. 简述民宿产品的构成。
3. 面对民宿资源，如何进行民宿新产品开发？

二、能力训练
结合本地实际，对一家具有本地特色的民宿进行现有民宿产品进行分析，并结合所学内容，有针对性地进行民宿产品设计。

项目五 民宿服务

 项目描述

民宿作为一种非标准化的住宿产品,其提供的服务和传统的其他住宿接待产品有一定的共同性,但也有其自身的独特性。民宿提供的服务更为个性化和人性化,让人更有亲近感,尤其是民宿主和客人之间的互动,满足了人们对生活方式多样性探索的需求。民宿服务是有情怀、有温度、有文化、有社交属性的服务,是提高客人满意度的重要环节。民宿服务涉及哪些内容,服务包括哪些流程,突发事件怎么处理,可以为客人提供哪些特色服务,这些是本项目要进行深入探讨的问题。对上述问题的探讨,旨在使学生掌握民宿的服务内容及服务流程。

 项目目标

知识目标

1. 熟悉民宿前台的服务内容。
2. 熟悉民宿不同客房的清扫服务流程。
3. 熟悉民宿餐饮的类型及服务流程。
4. 了解民宿餐饮的特殊情况及处理方法。

能力目标

1. 能够独立完成民宿前台预订、接待、办理入住、离店、咨询等工作。
2. 能够按照服务流程完成客房及公共区域卫生的清洁与维护,为客人提供餐饮服务。
3. 能够根据民宿的实际情况为客人提供特色服务。

素质目标

1. 养成严谨的工作作风,树立匠人精神。
2. 培养热情待客、诚信的职业道德。

知识导图

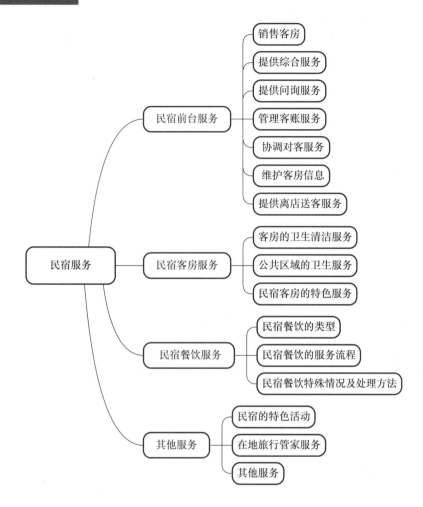

 学习重点

1. 民宿前台的服务内容。
2. 民宿客房的清扫流程。
3. 民宿餐饮的类型及服务流程。
4. 民宿的特色活动。

 项目导入

民宿"天空的院子"个性化服务

"天空的院子"位于台湾地区×××小镇，距离台中市区约一个小时的车程，原来是一个相对偏僻、游客量接近于零的地方。

"天空的院子"创始人本来是一个摄影爱好者,大二时因拍照邂逅这个小镇,在山间发现这间张家古厝(古厝指在闽南一带的传统民居),留下了深刻的印象。大三时,他便决定不再继续升学考研究所,而是选择贷款去修缮这所老房子做民宿。

　　但理想丰满,现实骨感。起初,"天空的院子"的生意并不好,甚至因为还不上银行贷款而接到银行的查封通知。一次偶然的机会,一位热爱自然的作曲家和他的音乐团队来到这里,他们被民宿主的创业故事打动,当晚便决定创作同名专辑《天空的院子》。

　　后来,这个专辑获得金曲奖,"天空的院子"也一炮走红。与此同时,原先几乎没人会来观光的竹山,一跃成为各大旅游节目大力推介的景点,吸引了无数都市人和青年换宿者前来。

　　为了改变小镇"有产业、无年轻人"的困局,2011年,民宿主成立了"小镇文创股份有限公司",试图让有创意、喜爱以打工换宿游的年轻人,将更多创新的思维与实验带入小镇。其具体做法是:租下两间透天厝提供给年轻人,只要提出自己的想法或者能帮助小镇就有资格换宿。

　　这个玩法受到许多年轻人的热捧。曾有印度人跳印度舞,学美术的学生来小镇做环境美化,专业摄影师拍摄照片提供行销,大学生做出"竹山爱聊老人的分布图"等。

　　还有来交换住宿的游客提出,可以用竹编做二维码,为每一间老店写故事,扫码即可阅读到这些老店的传统文化。时至今日,当地的具有二维码的竹编,已经成为小镇的特有景色。现场体验制作,扫码了解小镇文化,也成了游客最喜欢的项目。

　　结果,当年世界各地有超过600名青年来到小镇居住。如今在网上搜寻"竹山小镇",从地图、竹编到纪录片,几乎全是这些青年的创意想法。

　　这种借力"外脑"的更大价值还在于,将当地产业制造与文创充分糅合,产生更大的溢价。现在民宿会用到的棉被、桌椅板凳、肥皂等物品,都积极地在镇上寻找相应的产业,并大量使用。如此一来,民宿成为一个展示平台,当客人住店时,看到喜爱的物品,就可以向当地的店家购买。

　　随着游客的增多,小镇上的居民也开始活跃起来,民宿主开始筹划,如何让游客和居民互动起来,让游客真正感受到小镇的原始淳朴生活?台湾地区非常流行的两项社会运动是跑步和骑单车,于是,民宿主便在每周三、周六晚上组织游客和居民一起跑步,沿着水稻田、凤梨田,边看夕阳边听风声。起初,这项运动只有4名游客参加,但坚持一段时间后,参与者已经增加到两三百名。更重要的是,参与过程中,游客和居民开始真正融入到一起。同时,民宿主还成立了竹草学堂,请游客和居民一起来关心和建设自己的故乡;每月举办梦想大会,让当地人上台发言30分钟,分享他们的梦想,底下听众给予他们反馈、建议,帮他们圆梦,甚至镇政府都来分享政策理念,与居民们交流意见。这种互动和参与,让游客参与的不仅仅是小镇的景点和小吃,更是参与小镇的新创造历程,他们甚至成为小镇的一分子。

　　在满足游客休闲需求的同时,民宿主更加注重对小镇传统的保护。比如,在民宿内不提供卡拉 OK 等服务,虽然这些规则曾经差点让民宿"流产"。而事实上,宁静正是整个古厝的特质。保留了这些特质,古厝才是古厝。如果只是修补,却失去了文化的特质,那古厝也不过是一个空壳子。如今,"天空的院子"逐渐融入了乡土乡情,晚上可以唱老歌、喝老茶,早上吃用客家布包裹的传统便当。深入挖掘文化所营造出的氛围,置身其中,仿佛回到千年之前,远离喧嚣,既让小镇生活得以延续,从商业上讲,也使小镇保持了持续的吸引力。在"天空的院子"所营造氛围的带领下,目前已有许多竹山青年受感召回乡创业:有台大的高才生继承父亲的茶园;制作竹艺品的手工人创设竹马夜跑,让镇民跑出健康;做竹餐具和手工饼干的年轻人也回来了。他们生产的产品,通过商业机制,由"天空的院子"买来供客人使用,带动了竹山的经济发展,也为"天空的院子"增加了客户体验。

（资料来源:百度文库《天空的院子民宿个性化服务案例》,有删减）

> 思考:
> 　1."天空的院子"成功的原因是什么?
> 　2."天空的院子"创始人给客人提供了哪些特色服务?他提供的服务有什么特点?
> 　3.你还可以为这家民宿创新哪些特色服务?

任务一　民宿前台服务

　　前台是民宿的门面,在很大程度上决定了客人对民宿的第一印象,直接影响着客人的满意度。无论是客人抵达民宿,还是最后离开民宿,都会和民宿前台接触,民宿前台服务会给其留下深刻的印象。这也意味着,民宿能否赢得客人的"芳心",前台人员起到关键性作用。

一、销售客房

　　民宿前台的所有功能、活动安排及组成部分都是为客房销售和对客服务服务的。销售客房是民宿前台的首要任务,客房一般是民宿收入的重要来源,而且客房具有不可储存的特点,因此民宿前台恰到好处地推销客房,对提高民宿总体收入具有重要的意义。民宿前台客房销售主要由以下内容构成。

（一）预订销售

民宿客房的销售多是以提前预订为主要销售形式，因此预订是前台服务的重要工作环节之一，充足的预订能在很大程度上保证民宿的客房出租率。在民宿对客服务中，服务人员一般较少，往往会出现一人承担多个角色，前台服务人员一般负责民宿的预订、客人接待、办理入住、信息咨询等多项任务。客房能否成功预订，和前台服务人员的销售技巧、推销意识、服务态度、产品的熟悉程度等密切相关。民宿预订主要通过OTA等平台网络预订和电话预订，在现代移动互联网和旅游住宿线上平台如此发达背景下，民宿的预订以网络预订为主、电话预订为辅。

1. 网络预订

游客在OTA线上平台下单后，OTA订单信息会通过后台、短信、电话、微信、邮件等方式通知民宿，民宿前台人员收到订单信息时首先要确认房态是否正常，在自身系统中，如云掌柜和其他OTA平台后台锁房。登记时，要注意客人的姓名、人数、房型、入住时间、入住天数、客人的特殊要求等信息。如果可以的话，尽量和客人取得电话联系，添加客人的微信，及时将民宿地址、交通指南、旅游攻略及周边特色美食等内容发送给客人。有些平台不允许民宿和客人直接联系，如果平台有什么变动的话，要及时和平台的客服沟通。

2. 电话预订

客人通过电话的方式直接联系民宿预订，前台服务人员每天需要掌握清楚房态，在接听电话时要主动向客人介绍民宿，如："您好，这里是×××民宿，很高兴为您服务，请问您有什么需要？"在这里需要注意的是，前台人员在接听电话时态度要好，声音亲切，语气温和，要让客人能够在电话那头感受到民宿的热情，要通过电话沟通给客人留下对民宿的初步的良好印象。前台人员查看电脑或客房预订板，确认是否有房；在确认有房的情况下，向客人介绍房价类型和价格，在登记客人信息时要记录清楚客人的姓名、需求的房型、数量、入住和离店的时间、付款方式、特殊要求等，记录后要和客人确认订房需求，以免引起不必要的误会。接听完电话后，要将客人的预订信息输入电脑入住系统，及时完成系统后台锁房。在做完这些工作后，可以将客人的预订信息以短信或其他形式发送给客人。如果没有客房或客房无法满足客人的需求，应向客人致歉，并实事求是地说明情况，同时请客人留下联系方式，如有房间时马上与客人联系。

（二）线下接待销售

线下接待销售是指向没有预订直接抵达民宿的客人提供客房销售的服务。这类情况在日常接待中比较少见，但也会偶尔存在。服务人员在接待这类线下预订的客人时，需要以热情的态度服务客人，在客人感受到宾至如归、温馨舒适的同时，适时适度地向客人推销客房和其他服务产品。如民宿当时无法满足客人的预订需求，可以为客人建议其他民宿或者帮助客人联系其他同水平的民宿进行登记入住。已预订客房的客人到达民宿时,服务人员要主动向客人介绍民宿其他服务项目,如民宿为客人精心设计的体验活动等项目,这些会对客人的消费产生刺激和引导作用,形成二次销售,这种民宿内的二次销售会为民宿带来额外的经济效益。

同步案例
Tongbu Anli

同样的预订,不一样的感受

情景1:客人在某个民宿平台上预订了A民宿一间房。A民宿的前台人员收到信息后,把客人的入住信息登记后就不管了。

情景2:客人在某个OTA平台上预订了B民宿一间房。B民宿的前台人员收到OTA后台信息后,把客人的入住信息登记下来。然后找到客人的电话号码,第一时间联系上客人,内容如下:首先欢迎客人预订并告知客人已经预订成功了。然后询问客人的情况:几个人过来?是不是带小孩或者有老人随行?有没有一些特殊的需求?最后,询问客人微信号,添加客人的微信,并在微信里把民宿的地图及交通路线给客人发过去。同时,查询客人入住日期的天气状况,提醒客人。

假设你是客人,请对A、B两家民宿提供的服务给予评价。

二、提供综合服务

前台是整个民宿的枢纽中心,同时向客人提供多种服务,其服务范围包括迎送宾服务、办理入住服务、行李服务、问询服务、总机服务和处理客户投诉等基本服务以及民宿的特色服务,如民宿主题特色体验活动、周边游览服务、特产购物等。这种服务理念的核心思想是在完成前台各项服务的过程中,促使前台服务和客房服务、餐饮服务等服务链条紧密连接起来,共同构成民宿的整体服务,避免各项服务之间出现脱节、信息不对称等问题,使客人对民宿整体留下深刻的印象。

(一)客人抵店前的服务

客人预订了房间后,前台应第一时间和客人取得联系,方便的话和客人在微信上联系,了解客人抵达的具体时间、出行目的、出行方式、出行人数、是否有老人或儿童出行,以及有什么禁忌等,以便民宿提前做好排房等相关准备工作。同时,给客人提供行车路线、本地天气、到店指引、注意事项、周边的游览路线等,方便客人提前做好出行规划。在客人入住前一天,通过微信提醒客人本地天气、路况等注意事项,并给客人介绍到店后如何办理入住等程序,让客人做到心中有数。

(二)迎宾服务

客人抵店后的迎宾服务直接影响客人到店的第一印象,因此前台服务人员应该在当天提前和客人联系,确认客人到达的准确时间,客人快要到达时应该站在民宿的门口迎接客人,向客人挥手或点头致意,面带微笑引导客人停车,帮助客人从车上卸下行李,引导客人到民宿前台办理入住手续。

(三)行李服务

民宿主或前台服务人员接到客人后,帮忙给客人搬运行李,到前台时询问客人是否需要寄存行李,如果客人需要寄存行李,提醒客人是否有贵重物品或者易碎物品,并提示客人贵重物品请客人自己妥善保管。对于寄存物品的客人,前台服务人员要请客人填写行李寄存牌,并提醒客人行李寄存牌是领取行李的唯一凭证,请客人妥善保管。对于易碎的物品,前台服务人员要当面检查物品是否有破损,检查后要轻拿轻放,并在物品醒目位置上注明"易碎物品"。当客人领取行李时,前台服务人员仔细核对行李寄存牌上的信息,确认准确无误后,将行李物品归还给客人。

(四)办理入住服务

不管是预订的客人,还是未预订的客人到达民宿,都应该按照国家相关要求办理入住手续。对于已经预订的客人,系统中已经输入了客人的相关信息,前台可以提前为客人排房,等客人到店后出示身份证进行相关核验后,就可以直接安排入住,这样可以减少客人在前台的等待时间。对于未预订直接到店的客人,服务人员告知所剩房源的类型、价格,及时了解客人对房间的需求,按照客人的需求匹配相应的房型进行推销,在条件允许的情况下,尽可能地满足客人的需求。在这个过程中,要认真聆听客人的讲话,多观察客人,洞察客人的真实需求。

三、提供问询服务

民宿前台是客人在民宿入住期间接触最多的工作人员,因此,客人会关于民宿及周边的相关情况向前台人员咨询。这时,民宿前台人员要及时向客人热情介绍,并提供相关的信息。

(一)关于民宿本身的情况

客人在入住民宿的时候,前台服务人员要主动给客人介绍民宿的基本情况,如设施设备的使用、功能区域布局、入住安全指南、用餐时间、民宿的特色活动、当地特产、风俗人情、注意事项等,帮助客人尽快熟悉民宿,以便客人更好地适应当地生活。如果民宿有相应的宣传单,特别是民宿的名片,要及时发放到客人手中,并提醒客人随身携带。

(二)关于民宿周边游玩的情况

在一些景区或者古镇周边的民宿,客人对周边游玩信息的需求度高,民宿前台人员应该在这方面做足功课,事先挖掘周边游览路线,最好能够把周边的游玩路线自己走一遍,以便能够给客人提供详细准确的信息。一般来说,这类客人在出行前已经做了一些相应的攻略,但是较为粗糙,一些详细的事项还不是很清楚。客人的关注点在游览项目推荐、具体交通、时间安排、当地特色餐馆等信息上,前台服务人员要根据客人的问题给予耐心的解答。如果这项工作做得好,会提升客人对民宿的满意度。

四、管理客账服务

民宿前台为客人提供账单服务,在客人入住的时候首先要了解客人是否已经提前支付房费,如果客人表示已经预付房费,则需要核对,核对无误后提示客人需要缴纳押金,并为客人介绍民宿的付款方式。如果是未预付房费的客人,则根据民宿的价格收取客人房费和住宿押金,同时为客人建账、记账,并在客人离开的时候办理结账、转账及收款等相关手续。如果客人表明需要发票,前台人员需要为客人提供发票服务,前台人员可以在客人离店前一天和客人取得联系,获取客人发票单位和税号等相关信息,提前为客人准备发票,以免客人结账时等待时间过长。

五、协调对客服务

前台是整个民宿的信息中心,不管是客人对客房,还是对餐饮的意见或者建议,通常都会反馈到民宿的前台。民宿虽然规模小,但也涉及民宿各个工作人员之间的分工和协作,只有各个岗位上的员工相互配合,才能给客人创造一次美好的民宿住宿体验。任何一个服务环节出现了问题,都会影响客人对民宿的评价,从而影响民宿整体的美誉度。民宿前台作为整个酒店的信息枢纽中心,承担着与客人和其他部门沟通的桥梁作用,因此在协调对客服务中发挥着重要作用。如客人对民宿的客房有一些特殊的要求,民宿前台需要将客人的需求反馈给客房服务人员,做好相应的协调服务。

六、维护客房信息

在互联网经济下,民宿的很多客源都是来源于网络渠道,在相关预订平台做好客房信息维护是民宿前台的重要内容。民宿的客房信息维护主要涉及以下几个方面。

(一)民宿基本信息维护

民宿的基本信息输入后一般不需要维护,但在首次输入的过程中要注意两个问题。一是民宿的基本信息要完整,包括民宿的地址、电话号码、房间类型、面积等信息,信息越完整,越有利于民宿的整体排名。二是电话、地址、地图标注等信息要精确,尤其是地图信息标注要精确,很多客人都是依据地图上的信息自驾前往民宿,如果信息出现偏差,导致客人多走一些冤枉路,给客人造成一些不必要的麻烦,则会影响客人的住宿体验。

（二）图片信息维护

客人在相关平台浏览民宿信息后是否预订民宿,在很大程度上和民宿提供的图片有直接的关系。民宿为OTA平台提供的图片要间断性更新,删除一些质量不好的照片,及时上传新拍摄的有美感的照片。最好请专业的摄影师为民宿拍片,拍照选择天气较好的时候,一般选择光线较好的10:00—15:00时间段,拍完后要进行一定的后期处理,把民宿最美的一面呈现给消费者。另外,民宿经过重新装修后也要及时更新照片,将民宿的实况通过平台传递给消费者。

（三）房态房价信息维护

房态信息要每天维护,根据民宿不同房型的入住情况,核对所剩房间数量和类型,及时在OTA后台开关房态,以免出现疏忽造成有房没有卖或没房还在卖的情况。要根据淡旺季、节假日及时调整房价,一般民宿在节日和旺季时价格要稍高些,应提前一两个月调整价格,确保酒店的经济效益。

（四）回复客人点评或咨询

民宿前台要及时回复客人的点评和咨询,对于来自平台的客人咨询应该在第一时间回复客人,回复时态度诚恳,语气温柔,多换位思考,为客人多提供有用且详细的信息。前台人员如果是过几天看到后才回复,就会造成潜在客源的流失。对于在民宿消费过的客人网络点评,如果是差评的话,一定要及时处理,对客人反映的问题提供针对性的回复,不能做千篇一律的回复,以免引起客人反感;情节比较严重的,要第一时间和管理团队、客人、当值员工取得联系,了解事情的经过,要坚持实事求是的原则,安抚客人的情绪,态度诚恳地给客人赔礼道歉,并做出适当的补偿。

七、提供离店送客服务

客人退房是客人在民宿的最后一个程序,前台人员必须要秉持热情待客的原则,一如既往地给客人提供优质服务,让客人延续之前的良好印象。结账时,给客人清晰地介绍账单的各种明细项目,确保客人没有疑惑再进行结账。给客人办理结账手续时,可以主动、诚恳地征询客人对民宿各项服务的意见或建议,并给客人赠送民宿提前准备的伴手礼。客人退房后协助客人搬运行李,将客人送至自驾车上并目送客人离开。若是乘坐公共交通前来的客人,应主动了解客人的要求,将客人送至大门口,并且根据客人的需求提供相应的服务。

在客人离开后的当天或者晚上,可以给客人发送短信或微信问候客人是否已经平安抵达目的地,并且表示希望他们再次下榻民宿。

任务二　民宿客房服务

客房是民宿的主要组成部分,是民宿向客人提供休息的主要场所,是民宿收入的主要来源。客人住民宿不仅要求客房干净、舒适,还要求民宿提供相应的服务,客房服务是民宿服务的重要组成部分,是提升客人满意度的重要环节。客房服务包括客房和公共空间的清洁和保养,为客人供应生活物品,为客人打造干净卫生、舒适温馨的住宿环境。

一、客房的卫生清洁服务

客房清洁是民宿客人最关心的卫生问题,做好民宿的客房清洁至关重要,这直接影响着客人的入住体验。客房清洁一般包括物品整理、客房打扫、清洁卫生间、补充和更换物品、检查设施设备等环节。《东方卫报》对5000名受访者进行调研,结果显示,有62.61%的消费者担心民宿房间存在问题,所以说卫生是民宿的生命线一点都不为过,如果清洁布草没做好,民宿运营就像多米诺骨牌一样,产生连锁反应。房客网上订房,满心欢喜地入住房间,但入住后却被房屋清洁及床品卫生等最基础的服务打败,这会严重影响民宿的口碑,对房客的流量造成极大的影响。客房的清洁卫生与服务的好坏直接影响着酒店的整体形象,也直接关系到酒店的经济效益。

(一)民宿客房清洁的顺序和原则

1. 民宿客房清洁的顺序

一般情况下,淡季时,民宿客房清洁可以按照以下顺序进行:立即打扫房→VIP房→住客房→走客房→空房。

在旺季,民宿客房比较紧张时,客房的清洁顺序是:空房→走客房→立即打扫房→VIP房→住客房。

2. 民宿客房清洁的原则

(1)从上到下。抹尘时,一般从上到下进行,比如抹试穿衣柜的时候,从衣柜顶部擦拭,从上往下擦拭。

(2)从里到外。比如最后的地毯吸尘,开始先从里面吸尘,然后逐步往外吸尘,直到吸尘到门口为止。

(3)先铺后抹。打扫房间应该先铺床,然后再用抹布擦拭灰尘。如果服务人员先抹灰尘再铺床,床单被套扬起的灰尘又会落在家具上。

(4)环形清洗。民宿的家具一般是顺着房间的墙壁排列,所以在打扫房间的时候应以某一点为起点,然后按照顺时针或逆时针进行打扫,打扫完后再回到起点位置,这样能够有效避免出现未抹尘的区域。

（5）干湿分离。清洁人员在打扫客房卫生时，应准备干布和湿布，根据需求交替使用，切不可一块抹布使用到底，因为不合适的抹尘方式除了达不到应有效果，还会影响客房内设施设备的使用寿命。

（6）先房间后卫生间。卫生间清洁需要使用大量的水，因此清洁人员的鞋子底部有可能沾到水渍，先打扫房间后清扫卫生间就可以避免将水渍带到客房造成地面的二次污染。

（二）民宿客房清洁前的准备工作

1. 清洁人员听取工作安排，签领客房工作钥匙

清洁人员应按民宿的要求穿好工作服，准时到岗，听从民宿管家或者其他人员的工作安排，领取民宿客房钥匙。领取时注明领取时间，在完成当日客房清洁后，归还钥匙时注明时间，严禁将客房钥匙乱放。

2. 了解民宿房态

了解房态是清洁人员清洁房间之前必须要做的一项固定工作。清洁人员应先了解民宿房间状态，确定房间的清洁顺序和清扫程度，以免打扰到客人休息。

3. 确定清洁顺序

清洁人员了解了房间状态后，要根据开房的着急程度、客人实况、民宿管家或前台的交代，综合决定房间的清洁顺序。因此，清扫房间的顺序不是固定不变的，要根据民宿客房的房情而定。

4. 准备清洁工作车和清洁工具

工作车是民宿清洁人员清扫整理房间的重要工具。要确保清洁车车内和车外是干净整洁的，将布草袋和垃圾袋分别挂在工具车的两侧，在车内放置干净的布草，车的顶架上放置客房用品，将清洁桶和清洁用具放在工作车的最底层，并同时配备不同颜色的干净抹布。工作车每天在下班前应准备好，第二天开始清洁工作前还需要再检查一遍，确保所有的物品都已配备好。

（三）走客房的清扫程序

1. 进门

进入房间之前，清洁人员一定要再次核对房间的状态，用中指和食指轻敲门三次，每三下为一次，每次中间稍作间隔，同时报"服务员"，确认没有人后，用钥匙缓缓将门完全打开。客房在清扫时，门要一直保持完全打开的状态。进入房间后，首先检查客人是否有遗留物品和房内设施设备用品有无丢失和损坏，如有的话要及时报给民宿管家或前台。

2. 通风

拉开窗帘和窗纱时，要检查窗帘是否有脱钩和破损等情况。然后打开房间的窗户，确保房间的光线充足，方便打扫，同时使房间空气流通，保证客房内空气清新。

3. 检查

检查房间的所有灯具,将民宿房内的灯全部打开,检查灯具是否有不亮的情况,检查后立即将灯关上。一旦发现灯具有问题,要及时通知相关人员前来维修。另外,也需要检查卫生间的设施设备能否正常使用。

4. 收垃圾

撤走用过的茶杯、烟灰缸等,清理房间内的垃圾。将烟灰缸里的烟灰倒入垃圾桶内,注意是否有未熄灭的烟头,收拾桌面和地面的垃圾,将垃圾放进垃圾桶或纸篓中。清理垃圾桶或纸篓时,可先检查是否有一些有价值的东西,若有请先保管,随后交给民宿管家或者前台。倒完垃圾,将垃圾桶或纸篓清理干净后,要随手给垃圾桶或纸篓套一个新的垃圾袋,不能一次给一个垃圾桶或纸篓套多个垃圾袋。

5. 撤布草

清洁人员在撤床单和被套时,要将床单和被套多抖动几次,确认里面没有夹杂其他物品,如客人的私人物品、电视遥控器等,然后按照枕套、被套、床单的次序逐件撤掉,如果发现床单、褥垫等有破损、污染的情况要及时汇报给管家或者前台。撤掉卫生间客人使用过的毛巾、浴巾等物品,撤掉的布草不能直接扔在地毯上或者走廊过道上,要直接放入工作车的布草袋内。清洁人员要随手带上干净的布草,并且在这个操作过程中,不能将脏布草和干净布草混放,以免沾染细菌。

6. 铺床

清洁人员要按照铺床的步骤与要求规范操作。铺床的步骤与要求如表5-1所示。

表5-1 铺床的步骤与要求

步骤	动作规范	要求
拉床	清洁人员自然地站在床头的中间位置,用双手把床拉开,距床头板位置大约50厘米。	铺床前应注意检查床垫和保护垫,发现有弄脏的要及时汇报管家或民宿前台,及时进行更换并清洗。
铺床单	①打单。将折叠好的床单正面朝上,一只手抓住单尾呈抛物线状将床单拉开。 ②抛单。一只手抓单尾,以平衡力向床尾抛出。 ③甩单。根据床单的"三线",左右手分别抓住床单整齐拉至床垫底部,使中折线居中,床单四边自然下垂。 ④包角。从床头开始依次将床的四个角包成90°或45°角,将床单四边多余的部分塞入床垫上面。	铺床时,注意床单是否有破损,如有需要及时更换,注意床单的正反面,正面朝上,床单的中线居中。

续表

步骤	动作规范	要求
套被套	①将被芯拉开平铺在床上。 ②将被套的里层外翻。 ③将被套里层的床头和被芯的床头部分固定。 ④两手伸进被套内,紧抓床头部分,向内部翻转,使被芯展开、边角饱满。 ⑤拉上拉链,使被子平整地铺在床上,四角自然下垂。	铺被子时,要保持外观的平整、无褶皱,商标应在床尾向上。整张床挺括、整齐、美观。
装枕套	双手抖开枕套并平放在床上,将枕芯对折,右手抓住枕芯前部,左手把枕套口张开,用右手拿枕芯压住枕套口下边,将枕芯装入枕套内。双手抓住枕套口上下抖动,使枕芯全部装入到位,四角饱满,并封好口。把枕头并列平放在床头中间,距离床头边缘5厘米左右,四角饱满。	确保枕套干净、整洁,没有破损,将大枕头放在与床头平齐的位置,与床两侧距离相等,另一个小枕头呈30°角斜靠在床头板上。枕头开口理顺,开口背向床头柜。
复位	双手将床尾推向床头方向,确保和床头板相吻合。	床头在床头板的中间位置。

7. 抹尘

从房门开始,按顺时针方向依次把客房各家具、物品擦拭干净。在除尘的过程中,坚持从上到下,尤其是要注意各个角落的卫生。

(1) 房门应从上到下、由里到外抹净,包括门铃盒、门号、门面、门框,要求干净无尘;把门镜、防火通道擦拭干净,查看门吸是否灵活。

(2) 门板、保险箱内外、层格架、衣架、鞋篮要干净无尘,物品摆放整齐。

(3) 梳妆镜、写字台面、文件夹、椅子、台灯、上网线、开关电线等完好,空调干净无灰尘。

(4) 沙发坐垫、靠背无污迹和灰尘,茶几无水迹和污渍,地灯正常使用,干净无灰尘。

(5) 擦拭床头柜。

在抹尘时要注意的问题如下。

(1) 把客人放在桌子或床上、沙发上的物品整理好。

(2) 清洁电热水壶,保持水壶干净、无水垢。

(3) 干抹布和湿抹布要区别使用。

8. 清洗卫生间

(1) 进入卫生间前先在卫生间门口铺上地垫。

(2) 打开卫生间灯和排气扇,放水冲马桶污物。

(3) 将清洁剂均匀地喷洒在洗手盆、浴缸、马桶及淋浴间表面。喷洒马桶时掀起马桶盖板,轻按放水按钮,等水抽完后,喷上清洁剂,使清洁剂充分溶于水中。

(4) 认真清洁面盆、马桶、淋浴间。

(5) 擦拭镜子、电吹风、卫生间门、墙面、台面,确保这些物品表面无水迹、无污染。

(6) 喷少许万能清洁剂在地面,从里向外用抹布把卫生间的地面抹干净。

9. 补充客用物品

按照规定,把房间客用物品摆放好,一要种类齐全,二要数量充足,放在规定的位置,房间的卷纸、面巾纸需要折成三角形,方便客人使用的同时又美观。房间的面巾、毛巾、浴巾折叠好,并按规定的位置摆放好。

10. 吸尘

吸尘时,首先把吸尘器的电源线理顺,在房间内插上电源,把吸尘器拿进房间后再开始吸尘,按照从里往外的顺序清洁地毯,尤其是要注意边角的位置,如床头柜下、床角等,有小家具阻挡的地方要先把家具挪开后吸尘再复位。

11. 检查

检查房间是否打扫干净、整齐,家具是否有灰尘,地毯上面是否有未吸走的杂物,房间的客用品是否已经补充齐全,清洁用品是否遗留在房间内,所有的灯和窗户等是否关闭。检查后将房门关上。

12. 填表

按照规定填写客房服务员工作日报表。每间民宿完成清洁后,清洁人员要认真填写清扫客房的进出时间、布草数量、服务用品等使用和补充情况,注明需要维修的项目、特别事项等。

(四)住客房的清扫程序

住客房清洁的工作内容、服务程序和走客房整体上类似,但因房客在客房内,清洁人员在做清扫时有许多地方需要注意。

1. 当客人在房间时

(1)清洁人员进入客房前须先按门铃或敲门,若客人在房间休息,应先主动礼貌问好,然后征求客人对于客房清洁的意见,得到客人允许后才可进入房间进行清扫。

(2)如果客人暂时不方便清理客房,清洁人员可将客房房间号和客人方便清扫的时间写在清洁工作表上。

(3)清洁人员在清扫过程中可对客人的物品做简单的整理,但不能翻看客人的物品,不能自行处理客人的物品。

(4)擦拭衣柜时只做大面卫生即可,清洁过程中不能将客人衣物搞乱、弄脏。

(5)对女性用的护肤品进行简单的整理,在桌面上摆放好即可,不能将客人用完的化妆品空瓶或者包装盒扔掉。

(6)清洁人员不要触碰客人的单反相机、iPad、笔记本电脑或钱包之类的贵重物品,以免引起不必要的麻烦。

(7)清洁人员整理完客房后,要向客人表达歉意,然后往后退一步,再转身离开客房,轻轻将客房门关上。

2. 当客人中途回房时

当清洁人员在客房打扫卫生时,客人从外面回来,如果清洁人员能够确定来者是房客,应该主动礼貌地对客人说:"××先生/女士,您好,目前您的房间还没有清理完,请问可以继续清理吗?"如果清洁人员不能确定是房客的话,清洁人员应礼貌地对客人说:"××先生/女士,您好,麻烦您出示房卡,我确认一下这是您的客房。"清洁人员确认无误后,可以告诉客人:"不好意思,目前您的房间还没有清理完,请问可以继续清理吗?"如果客人不同意,则征询客人方便打扫的时间,征询后收拾东西立即退出客人房间。如果客人同意,则可以继续清扫,但是速度要加快,在清洁的过程中尽量不要影响到客人。待整理完客房后,清洁人员可先向客人表示歉意,然后往后退一步,再转身离开客房,轻轻将客房门关上。

这一过程中需要特别注意的是,在客人从外面回来时,如果清洁人员不能确定客人是房客,一定要请客人出示相关的证件,以防其他客人冒充,如果因冒充使客人产生损失,酒店需要承担相应的责任。

(五)空房的清扫程序

空房的清扫程序相对来说较为简单,但这是每天必须进行的项目,以使客房始终处于良好的状态,随时可以为客人提供服务。空房清扫的步骤如下。

(1)清洁人员进入房间后首先打开窗户进行通风换气。
(2)用抹布清除桌子、柜子、床头、电视机和其他物品上的灰尘。
(3)将浴缸、面盆、马桶的水放流一两分钟。
(4)如果客房连续几天为空房,则需要用吸尘器吸尘一次。
(5)认真检查客房一次,看是否有异常情况。
(6)检查浴室内毛巾、浴巾、方巾是否因长期干燥而失去柔软性,如果不符合要求,需要在客人入住前更换。

二、公共区域的卫生服务

民宿公共区域是客人休息、娱乐的重要活动场所,一般民宿公共区域包括民宿大厅、走廊过道、餐厅、公用卫生间、院落、书吧等,如果这些区域的卫生保洁工作不到位,会影响客人对民宿的整体评价。因此,作为民宿管理者,必须重视这些公共区域的卫生工作,配置专人负责民宿公共区域的卫生清扫与维护。

(一)大厅

民宿大厅是客人经常活动的场所之一,是给客人第一印象和最后印象的地方,是民宿的门面,因此在公共区域中,大厅的卫生是至关重要的,在某种程度上反映了民宿的整体卫生水平和服务水平。任何一家民宿随时都应该保持大厅干净整洁,民宿清洁人员应该每天在固定时间打扫卫生,所有物品摆放有序,表面无灰尘,环境整洁、美观。可以在角落位置适当布置一些绿植,但清洁人员需要根据绿植的特性定期浇水和清理绿叶上的灰尘。作为民宿前台人员,要随时关注民宿大厅的卫生,如若地面有垃圾、污渍,要及时进行处理,确保大厅时刻保持干净、整洁的良好状态。

（二）楼道与电梯

楼道与电梯是客人每天必经的场所之一，每天有大量的人使用楼道或电梯，很容易产生卫生问题。民宿应该派专人每天定时对走廊或电梯的卫生进行清扫和维护，民宿管家也应不定时地巡逻走廊或电梯的卫生，为客人创造一个良好的公共环境。

（三）餐厅

民宿餐厅每天有大量的人前来用餐，用餐后地面、餐台、餐椅等位置都会留下污渍，因此要求服务人员在每餐后都要认真清洁，尤其是餐厅的地面需要特别注意，定期进行深度清洁和维护，防止地面过滑让客人摔倒。

（四）公共卫生间

民宿营业区域内的公共卫生间应通风良好，有异味时需要喷洒空气清新剂，地面必须保持干燥洁净，便池、马桶、面盆随时清理干净，台面、镜面、烘手机保持干净无尘。这一区域卫生管理应建立清洁人员定时巡逻、管家随机抽查制度，以便提供给客人舒适的环境。

（五）院落

"无院子，不民宿"，民宿一般都有自己的院落，院落里通常会打造成停车场、花园、草坪、人行道等。院落是每位客人和民宿工作人员每天休息、娱乐、途经的场所，院落应干净、整洁、美观，需要有专人负责民宿院落的日常清洁工作，绿化需要进行定期的修剪和维护。

（六）书吧

一些比较文艺的民宿经常会打造一些书吧，为民宿增添文化氛围，给游客提供多种体验。民宿书吧日常需要做好日常清洁服务，地面干净、无杂物，桌椅、沙发等摆放整齐，表面无灰尘，书籍摆放有序，为客人营造慢节奏的、轻松的、舒适的阅读环境。

三、民宿客房的特色服务

（一）夜床服务

著名心理学家弗洛伊德说过，"每一个人都是恋床者"，客人下榻民宿最大的期待及需求之一就是良好的睡眠。夜床服务（turn-down service）是民宿的小心意，目的是给客人提供更好的入住氛围和体验，让客人更容易"入夜"。开夜床服务一般是在下午5点到晚上9点这个时间段提供，时间可以根据季节的变化灵活安排，一般有以下服务。

（1）把整个房间的环境调成夜间氛围，如把房间的灯光调暗、帮助客人把窗帘拉上。

（2）清理垃圾桶和烟灰缸，及时更换已用过的餐具或饮具，整理客人物品，客人的衣服折叠整齐或悬挂在衣架上，所有的鞋子成双整齐码放，放置在床上或桌上的客人物品原则上不随意挪动或清理，客房内所有用品放回原处。

（3）把床铺整理成睡眠模式，床尾巾撤掉，被子在枕头前反折一角，并放上早餐牌（或送餐牌），床边地上铺上地角巾，放上拖鞋。

（4）为客人赠送茶水、小点心、晚安致意卡等，根据客人的喜好添加具有安神功能的香薰，清洗使用过的杯具。

（5）根据实际入住人数补充浴室客用品，更换客人使用过的毛巾，浴缸前放上地角巾，浴缸里铺上防滑脚垫。

（6）检查房间的设施设备，如电视、灯具、空调、电脑、网络等是否正常运行。

民宿通过一系列的夜床服务，可以让入住酒店的宾客感到暖心、贴心。整洁的房间布置，柔和的灯光，窗帘的合理使用，枕头的舒适选择，夜晚安眠的问候，小礼物的用心选择……能带来一种舒适的视听感受，为宾客的"一夜酣眠"提供保障。

（二）加床服务

加儿童床服务可以提高亲子出游者的满意度。一般来说，加床服务可以按照下列程序进行。

一是当民宿服务人员接到客人加床服务时，首先要问清客人是哪一个房间，并重复一遍房号，记录下来。

二是为客人加放儿童床，铺上床上用品。注意要远离窗户，以防儿童站在床上爬到窗户旁。

三是补充足量的客用品，如日用品、巾类、杯具等物品。

四是填写相关的表格。

（三）主题布置

民宿客房主题布置往往来源于两方面：一是客人提前和民宿联系，告诉民宿自己的客房布置需求，民宿服务人员再根据客人需求有针对性地进行布置；二是民宿前台和服务人员掌握了一定的客户资料，自发地为客人提供个性化服务，为客人准备的惊喜。主题布置可以借助一定的道具对客房进行布置，如鲜花、气球、玩具、玩偶等。

根据不同的人群可以设置成不同的主题。例如，可以为新婚夫妇设计蜜月客房，将玫瑰花瓣铺设成"心"的造型，或者将玫瑰花洒在浴缸里，为客房增加香薰，播放柔和的音乐等；可以为亲子旅游的家庭设计儿童房，在房间里摆放提前准备好的玩偶、画笔、画纸、绘本等。

同步案例
Tongbu Anli

某民宿前台服务人员在接到客人的预订电话时，无意间得知两位客人准备在民宿过结婚纪念日。民宿服务人员在客人到达的当天，提前为客人在床上铺满了玫瑰花瓣,并做成了"心"字造型,并在床头柜上为客人准备了香薰蜡烛。当客人推开房门看到后,非常激动。民宿服务人员又贴心地为客人进行合影留念,客人表示回去后一定会把民宿介绍给自己的亲朋好友。

任务三　民宿餐饮服务

"食、住、行、游、购、娱"是旅游的六大元素,将"食"排在第一位,可见"食"在整个旅游环节中的重要性。"食"是客人体验当地文化最直接的切入口,如果民宿餐饮做得有特色,那绝对是一大亮点,若干年后游客可能想不起来当初入住的民宿大部分细节,却常常会想念那个记忆深处的味道。所以,下好"餐饮"这步棋,对民宿而言实在是太重要了。民宿将精致的餐饮产品、独特的就餐环境、优质的餐饮服务三者融为一体,可以为客人创造难忘的民宿之旅,有品位的餐饮服务正在成为有别于其他民宿的重要砝码。

一、民宿餐饮的类型

(一) 早餐

多数民宿客人以民宿为基地,在民宿周围进行休闲娱乐活动。因此,大多数客人的早餐都在民宿食用,尤其是乡村民宿,多数民宿提供早餐服务。早餐可分为两种方式提供:自助早餐与套餐。自助早餐一般包括各式点心、菜品、水果、粥类、饮品等。民宿早餐提供的种类应尽可能灵活多变,在保证食物质量的前提下,根据季节及食物价格,灵活更新早餐品种。如锦上云宿舟山店早餐中的小菜加入了舟山特色鱼干;四川乐山的千里走单骑民宿为每位客人贴心准备了乐山当地早餐,如叶儿粑、虾饺、红糖糕、山药等,让每一位入住的客人都有宾至如归的体验。

(二) 下午茶

除了早餐,民宿还提供下午茶服务,主要是民宿休闲吧台提供的饮料、茶水、咖啡以及厨房提供的糕点等。客人可以根据自己的需求选择民宿提供的中式茶点搭配小吃,或者选择西式的下午茶,和闺蜜、情侣、家人悠闲地坐在民宿的院落里,边品茶边聊天,尽享生活之美。

(三) 定制化餐饮

根据客人的需求提供定制化餐饮产品,客人提前将自己的需求告知民宿,民宿提前为客人进行食材的采购和烹饪准备,如南京亢度民宿对需要用午餐、晚餐的住客实行订餐制。本地菜系在民宿餐饮中最常见,客人既可以满足在旅途中对美食的追求,也可以通过饮食了解当地文化和特色风情。高端民宿在定制化餐饮方面开创了先河,一些民宿还专门聘请五星级酒店大厨作为主厨,根据当地的食材融合开发一些特色菜品。位于苏州的隐庐·同里别院民宿会根据客人的需求,结合粤菜、西餐做一些融合料理,客人可以在这里听昆曲,吃鱼子酱,喝红酒,配上苏式小点心,也会有情人节的烛光晚餐。目前,隐庐私厨已渐渐做出了口碑,70%的客人至少会在店里吃上一顿这里的特色美食。

二、民宿餐饮的服务流程

民宿餐饮服务水平影响着客人对整个民宿服务质量的评价,民宿服务人员在服务客人的过程中需要细心观察客人的行为和举动。主动、预见性地提供服务,往往能够获得客人的肯定。在餐饮服务过程中,民宿人员需要根据餐饮的类型,采取不同的服务准备和行动。

(一)自助早餐服务

1. 餐前准备工作

(1)服务人员检查自身仪容仪表后准备上岗。

(2)到前台或管家处领取餐厅钥匙,了解当日早餐预估人数。

(3)打开餐厅门,开空调、开灯,检查灯光是否正常。

(4)检查地板、桌面、早餐台卫生,准备充足的各式餐具并合理摆放,保证台面餐具干净无污渍。

(5)打开粥桶、恒温炉,热水器、蒸笼电源提前预热。

(6)按照预估人数准备饮品。根据标准比例调配出品各式冷热饮,包括橙汁、牛奶、红茶、咖啡、豆浆等。豆浆和咖啡旁各准备糖盅、不锈钢勺、搅拌棒等。

(7)出品。①冷菜出品摆放时,注意荤素、颜色、口味等搭配。②糕点、点心类出品摆盘应干净美观。③出品热菜用不锈钢餐炉放置,冬天需要注意保温。④出品白粥及其他粥类,应保持粥桶外围干净。所有菜品配备相应的餐夹、公勺,旁边配备台牌说明,所有饮料、粥类食品、自助餐炉必须在明显位置放置。

(8)再次检查自身仪容仪表,将早餐指示牌放置在门口,做好早餐准备工作。

2. 自助早餐服务

(1)迎宾欢迎客人。客人到达餐厅时,服务人员应第一时间亲切地问候客人,使用礼貌用语:"早上好,欢迎光临!"服务人员要主动请客人出示早餐券,收到早餐券后指引客人进入餐厅用餐。

(2)提供服务。①第一位客人进入餐厅时,服务人员打开所有保温护盖,主动引导客人拿取餐碟。②巡视餐台,随时关注餐厅食物的剩余分量、餐台卫生,及时增补早餐食品、添加餐具。注意餐盘撤收,进行餐夹归位。

(3)送别客人。客人离开餐厅时,服务人员提醒客人带好随身物品,并热情、礼貌地平视客人,使用礼貌用语:"请慢走,欢迎下次光临!"

（4）收尾工作。菜品回收厨房，做好餐厅清洁卫生，桌椅摆正，并检查是否有客人遗留物品，如果有，要及时上报管家或前台。然后关闭灯光、空调等设备，将门口早餐指示牌收回餐厅。

（二）早餐套餐服务

民宿因本身规模小，住客数量上总体不多，尤其是在旅游淡季，早餐用餐人数少，采用自助餐方式不太容易操作，因此不少民宿采用套餐的方式为客人提供早餐服务。套餐指一整套的饭菜组合。套餐有不同的种类可供客人选择，消费者可按个人的消费标准或口味喜好来选择适合自己的组合套餐品种。

套餐服务的服务流程相对来说较为简单，一般有下面几个步骤。

（1）服务人员检查自身仪容仪表后准备上岗。

（2）到前台或管家处领取餐厅钥匙，了解当日早餐预估人数。

（3）打开餐厅门，开空调、开灯，检查灯光是否正常。

（4）检查地板、桌面、早餐台卫生，准备充足的餐具并合理摆放，保证台面餐具干净无污渍。

（5）服务人员将食物进行不同的组合，形成不同的套餐，组合过程中注意营养、颜色、口味的搭配。比如牛奶、鸡蛋等高蛋白营养的食物应组合在每种套餐中。

（6）客人到餐厅时，服务人员应第一时间亲切地问候客人，使用礼貌用语："早上好，欢迎光临！"服务人员主动请客人出示早餐券，收到早餐券后指引客人进入餐厅用餐。

（7）客人在用餐过程中，服务人员主动为客人添加茶水，及时为客人清理台面和多余的餐具。

（8）客人离开餐厅时，服务人员提醒客人带好随身物品，并热情、礼貌地平视客人，使用礼貌用语："请慢走，欢迎下次光临！"

（9）多余菜品回收厨房，做好餐厅清洁卫生，桌椅摆正，并检查是否有客人遗留物品，如果有，要及时上报管家或前台。然后关闭灯光、空调等设备，将门口早餐指示牌收回餐厅。

（三）订制化餐饮服务

餐饮是增加民宿特色的重要手段，一些高端民宿在实际经营过程中着力突破民宿单一的住宿经济，将特色餐饮做成了民宿的重要经济来源。一些居住在大城市的上班人员利用节假日到民宿休闲放松、探寻美食，高端民宿的订制餐饮应运而生。民宿高端餐饮订制的核心优势在于食材的极致新鲜，每一份食材都是当地新鲜采购和优选品质，聘请星级酒店的厨师保证出品，根据客人的需求为客人量身定制，打造与众不同的私人化体验。订制化餐饮服务流程主要分为三个阶段，分别是餐前准备、餐中服务、餐后收尾工作。

1. 餐前准备

民宿管家或前台接到餐饮预订电话或网络预订时,一定要确认好用餐时间、人数、菜式、客人的特殊需求,将相关信息记录到民宿运营系统中。民宿管家或前台与餐厅联系,将相关信息完整地传递给餐厅,餐厅通知厨房准备相应的食材。餐厅根据预订日期的人数多少,合理地安排班次和上班人员,保证在营业期间餐厅有充足的人手。在客人抵店前两三天,与客人联系确定一些具体的细节,以便为客人更好地服务。服务人员在开餐前提前备好开餐过程中的物资用品,如酒水饮料、饮酒杯等;检查餐厅的准备工作是否到位,如餐厅的设施设备的正常运转情况,餐饮服务等辅助用品是否齐全,如托盘、餐巾纸、牙签、烟灰缸等用品的数量是否足够、质量是否达标;检查桌面的台布布置是否规范,餐桌上的餐具是否干净、无污渍。管家在开餐前需要检查员工的仪容仪表,对当日的预订做一个简单的说明,指明当餐的服务重点及注意事项,提醒服务人员要有服务意识。

2. 餐中服务

作为民宿的管家或前台,因和客人预订、办理入住等环节交流较多,相对来讲和客人比较熟悉,当预订的客人来到餐厅后,应该第一时间对客人进行热情的问候,征询客人对餐厅布置的建议,了解客人还有哪些需求未满足,及时帮助客人解决一些个性化需求,拉近与客人的距离,让客人有一种宾至如归的感觉,让客人感受到民宿对客人的尊重。

作为一线的服务人员,在客人用餐过程中要全程服务客人。如果客人带有小孩,及时为客人搬来宝宝椅;上菜时,要清楚响亮地报上菜名并请客人慢用,避免将汤汁等洒在客人身上;注意要先划单再上菜,菜品全部上完并划单后,及时提醒客人菜已上齐。服务人员在服务的过程中,物品要轻拿轻放,桌子上垃圾、空余的餐盘时要及时撤掉,所剩不多的菜品要换成小盘。给客人倒好酒水饮料时要及时收走茶杯,客人表示自己不饮酒时,及时收取酒杯,为客人倒上饮料或茶水。在巡台的过程中,随时留意客人桌面上的茶水、烟灰缸、骨碟等物品;要注意察言观色,在客人提出相关服务请求之前,提前为客人提供相应的服务。在服务的过程中,要对重点客人进行特殊的服务,如重要客人、挑剔的客人以及老人、小孩等。做好重点客人的服务,是提高客人满意度的一个有效方法。

3. 餐后收尾工作

客人用完餐后,应主动询问客人对产品的满意度。"请问能否为我们的产品提些建议呢?"主动收集客人对餐饮的意见和建议可以让客人感受到民宿对自己的重视。客人离开后第一时间关空调、电视、电灯等设备,只保留少量照明灯,收餐迅速、整齐。注意轻拿轻放、大小餐具分类摆放,大的放在下面、小的放在上面,以免破损。收餐时,注意收餐筐要适量,不可超量或挤压摆放。清洗玻璃器皿等餐具,按摆台标准进行下餐的摆台工作。及时整理周围的环境卫生,如沙发、茶几、电视柜空调等,保持干净、整洁。

将收集到的意见或建议反馈给民宿的管家或厨房,复盘在服务过程中的不足并剖析原因,总结餐饮服务的规律,寻找提高服务质量的方法和措施,以便在下次服务中能够为客人提供更好的就餐体验。

三、民宿餐饮特殊情况及处理方法

(一)烫伤

民宿餐厅在经营的过程中,一旦有客人或员工被烫伤,就需要马上进行紧急处理。如果情况比较严重的话,要立刻拨打120救护电话或者紧急送往医院。送医之前,可以先做一些急救措施,具体的急救步骤如下。

1. 冲

用流动的自来水冲洗烫伤部位或是把烫伤部位直接浸泡在水中20—30分钟,以使皮肤表面温度迅速下降。

2. 脱

烫伤时,千万不要立即脱下衣服,需用冷水浇在衣服上降温,待冷却后再把贴身衣服剪开,在这个过程中必须注意不要将伤部的水泡弄破。

3. 泡

用冷水冲洗后,再用冷水持续浸泡10—30分钟,达到降温和止痛的效果。

4. 盖

用干净的毛巾、衣服等将伤口覆盖起来,不可自作主张涂抹任何药品,以免引起伤口感染和影响医疗人员的判断与处理。

5. 医

如果伤势严重,尽快送到医院进行进一步处理和治疗。

(二)投诉菜品出品差

1. 认真倾听

民宿餐厅遇到客人投诉时,要尽量把客人引导到人少的地方,认真倾听客人的投诉。在客人讲话的过程中,尽量不要打断,听的过程中适当地点头回应,要让客人觉得在时刻关注他,同时把一些关键的问题记下并反馈到厨房,让其纠正。

2. 最快解决

最快解决,重点在一个"快"字,即表示出立即处理问题的决心,如果迟迟拿不出方案,说一些已上报等反馈的套话,客人会更加生气。民宿餐厅管理者可以给客人更换菜品或为客人提供新的菜品,或者额外赠送果盘、点心等表示歉意。

3. 跟踪后续

在当场处理完客人投诉以后,如果客人还在继续用餐,民宿餐厅服务人员在服务的过程中要多关注一下客人,针对客人的投诉采取相应的措施,还要看有没有新问题出现。

(三)停电

(1)服务人员保持镇定,稳定好用餐客人的情绪,并与客人做好解释工作,劝慰客

民宿服务与特色活动

人尽量减少走动,并注意保管好自己的贵重物品。

(2)寻求解决方法。立即采取应急照明措施,如开启应急灯或点燃蜡烛,并特别注意走廊和洗手间照明,同时注意就餐客人情况,避免发生趁乱逃账现象。

(3)联系相关单位,了解停电原因以及大致什么时候来电。如果是餐厅供电设备出现问题,应立即派人前来检查和修理,争取在尽可能短的时间内恢复供电;如属地区性停电或是其他一时不能解决的问题,应采取相应的对策。

(4)停电期间,对在餐厅用餐的客人要继续提供服务,并对客人表示歉意,同时暂不接待新来的客人。

任务四 其他服务

一、民宿的特色活动

民宿是当地乡土文化传承的重要载体。民宿主人将当地人们的日常生活场景融入到民宿经营中,形成了一些当地特色活动项目,增加了民宿的活力,拓宽了客人的文化,丰富了客人的旅游体验。民宿的特色活动通常分为以下几种。

(一)日常类活动

日常类活动,包括室内的活动项目和户外的活动项目。室内的活动项目,有做手工、剪纸、扎染、绘画之类的。户外的活动项目,有踢球、放风筝、玩飞碟、爬山、徒步等,这些活动丰富了客人的旅行生活。

(二)季节性活动

季节性活动,包括民宿管家根据当地的生产实际,设计一些农事体验活动。例如,依照时令的不同,进行播种、插秧、耕田、采桑、养蚕、秋收等活动,让客人感受到当地的生产生活氛围。如在稻田里插秧、水池里种荷花、山地里采摘柑橘、大西北割麦子等农事体验活动,这种体验活动对从小在城市里长大的人吸引力很强,可以让游客体验"住农家屋、吃农家饭、干农家活、享农家乐、购农家物"的乐趣,为游客提供乡村体验和回归自然的空间。

(三)节日性活动

节假日是中国人出行旅游的高峰期,民宿可以根据节日传统配备相应的特色节假日活动。比如,端午节带客人包粽子、做香囊,中秋节带客人做月饼、制花灯等,春季带客人包饺子、写对联等特色活动,以帮助客人寻找传统的过节味道。

(四)特殊活动

特殊活动,可以是亲子活动,让父母和孩子共同参与体验;也可以是某种兴趣爱好的聚集地,考虑和一些爱好者部落合作,比如潜水、摄影、徒步俱乐部或机构等;还可以承办私人聚会、团建活动、野炊、桌游等,充分挖掘自身或周边可利用的资源和优势,提供更多周边附加值。

同步案例

禅心居梯渡山舍民宿位于河南省登封市玄天庙杨家门村,地处嵩山名胜风景区,是河南省精品民宿。据了解,十几年前,在少林寺习武修行的陆海龙师父,看到附近一个村子因年轻人外出打工,村里只剩寥寥几个老人和孩子在留守,成了空心村后,内心受到很大的触动。他认为,每一个村子都有着深厚的历史,应该好好保存下来,为那些远在他乡工作和生活的人留下一份乡愁。后来,陆海龙就把目光投向了破旧不堪的杨家门村。为了保留这个古村原貌,他从民间找来一些老木匠、老泥瓦匠,对村子里的老民居进行加固修复。他以"修旧如旧"为原则,修复村庄老院子近20处,对古老村居进行保护和再利用,同时注重与嵩山特有的儒、释、道文化的影响力相结合,让一座座老房子重新恢复了"生机"。由于村子里平时人少,十分安静,适合养心,便有了"禅心居"(见图5-1、图5-2)。

图5-1 禅心居梯渡山舍民宿门口

图 5-2 禅心居梯渡山舍民宿客人的扎染作品

传统院落式的民宿是杨家门村对外展示乡风、乡景、乡情、乡味、乡愁的重要窗口。在老房改造过程中,杨家门村的民宿一直坚持尊重自然,不过度装饰手工,用传统的工艺,激活一个温暖的老家。植根于嵩山地域文化,守住美丽村庄原生态,杨家门村的"禅心居"民宿房间是用二十四节气来命名。

目前,体验中心内设有食宿体验区、亲子活动区、农事体验区、拓展训练区、功夫表演区、田园康养区、果蔬种植区等区块,开设了嵩山禅武少年研学活动、非遗文化体验研学活动、千年民俗体验研学活动、国学礼仪研学活动、农耕文化研学、青少年素质拓展、会议接待团建等多种形式的实践体验课程(见图 5-3、图 5-4)。禅心居梯渡山舍民宿年接待量达 30 万人次,以零差评的服务赢得客户的高度认可。

图 5-3 禅心居梯渡山舍民宿客人体验农事活动

图 5-4　禅心居梯渡山舍的素食

二、在地旅行管家服务

位于旅游风景区的民宿常常为客人提供在地旅行管家服务。民宿里的旅行管家可以根据客人的需求,为客人量身定做民宿周边旅游路线、目的地特色项目推荐,合理安排旅程,让客人既避免景点拥堵,又能得到休闲放松。旅行管家还可以全程提供本地通顾问服务,特色讲解服务,这种方式颠覆了传统导游讲解模式,告别了千篇一律的导游词时代,通过专业导师带队分享旅途知识,让客人从专业的角度了解当地的人文景点。同时,旅行管家还要注意为客人协调旅途中的行程问题、处理紧急情况等,带领客人在风景中深度体验在地文化,提升客人的旅行体验感。

三、其他服务

(一)票务代理服务

旅游风景区的民宿通常为客人提供票务代理服务,包括代理火车、飞机、旅游专线车票务以及代售周边景点门票等,这样为旅客节省时间的同时也提供了方便。

(二)租借物品服务

除提供给客人最基本的住宿条件,民宿还需购置一定数量的常用物品,以满足客人的需求。可供客人租借的物品通常有充电器、旅游洁具包、台灯、婴儿洗澡盆、防过敏枕头、接线板、雨伞等。

民宿租借物品服务程序如下。

(1)首先在管家日报表上做好物品出租的记录。

(2)派服务人员将物品送至客人房间,并请客人签字确认。

(3)客人归还租借用品。

(4)服务人员对客人归还的租借物品进行消毒和清洁并入库。

(三) 会议服务

在民宿市场中,有一类民宿是团建会议民宿,这种民宿一般配套1—2个会议室,提供话筒、投影仪、多媒体电脑、激光笔、专业音响、免费Wi-Fi等会议设施设备,是小型公司团建的理想之地,如河北廊坊的三河归心梨苑精品民宿有两套会议系统可以提供130人以内的室内会议服务。在服务过程中,服务人员要在会前根据客人的要求布置会议室,检查会议设施设备能否正常使用、会议物品是否齐全。在会议过程中,为客人服务时尽量轻拿轻放,不要影响到客人的工作。如若中途有茶歇,要提前与主办方沟通茶歇的具体时间,提前十分钟准备好茶歇的食品和饮品。待茶歇开始后,为客人提供咖啡、茶、食品服务,及时清理台面卫生,保证会场卫生。会议结束,客人全部离开会议室后,服务人员要认真检查会场是否有客人遗忘的物品。如发现客人的遗留物品,要及时与民宿管家联系,并交回民宿前台,然后清洁会场,关闭电源,检查清理情况,锁闭会议室。

思政园地

非常人生　民宿管家:千方百计为客人服务

2022年6月,人力资源和社会保障部向社会公示了18个新职业,其中民宿管家成功入围新职业。民宿在逐渐影响传统酒店的"市场地位",成为更多人旅行出游的首选。"民宿管家到底管什么?"这是很多人心中的疑问。

1.24小时全天候待命为客人提供服务

宗某是南昌青舍民宿的民宿管家,他原本是一家医药公司的职员,看到身边不时有员工被裁,一次偶然的机会,他接触到了民宿管家这个职业,然后从零做起。"我一共管理7间民宿,24小时全天候待命,客人有什么需要或者问题需要及时回复,接单、联系阿姨打扫卫生、指引客人入住,旺季忙的时候我都顾不上吃饭。"宗某向笔者介绍,"你看这些花瓶里面的鲜花需要及时更换,破损的物件需要换新,还要根据情况,购置一些物品装饰房间"。

不难看出,民宿管家需要24小时待命,全天为客人服务。上午10点,宗某就开始联系当天入住的客人,什么时候入住、需不需要寄存行李、有没有特殊需要,都需要考量。11点一到,宗某就要与退房客人确认离店时间、是否需要延迟退房等。"民宿打的就是感情牌,第一次来南昌的客人,我们会主动介绍附近好吃的、好玩的,也会推荐一些有名的景点。在客人离开之后,要收集一些入住体验、问题反馈,毕竟民宿做的也是口碑。"

2.烟火气带来了更多的人情味

烟火气与人情味并存是这个新职业的显著特点。一方面,作为服务业,民宿管家需要照顾客人的情绪,提供优质的服务;另一方面,多与客人交流沟通,也能交到天南地北的朋友。宗某说:"有一次遇到一个从黑龙江来南昌旅游的客人,他们因为要做饭会经常麻烦我,做好饭还会邀请我一起去吃。还有外地的客人,我会主动给他介绍南昌的小吃和游玩攻略,走的时候他们还会留下带来的当地特产,很受感动。"民宿注重的是特色,要更有温度、有人性化。客人希望是在异地有一种家的体验。"前一阵子因为某些原因,有一个小伙子被困在南昌,在我这住了一个半月。前面一个月,我一直给他降房租,后来看出他实在拿不出钱了,就给他免了后面的房租,能帮一把就帮一把。做好口碑做好回头客,自然流量就不会差。"

宗某每次把当地文化、当地美食、当地情怀与四面八方的客人分享,不仅让游客产生好感,产生情感共鸣,还能将地域文化推广出去,在开拓创新中构建更有地方特色的民宿产业。

(资料来源:《江西工人报》,https://mp.weixin.qq.com/s?__biz=MzA3Mzg1MjM5OA==&mid=2247582276&idx=3&sn=a8dd3e1548b55d5999c0ec32cd9a50ce&chksm=9f0b76c5a87cffd375724fc0c2f6fed956ffd80d058d6735461d4b2db6380c7eac5d172de5d9&scene=27)

项目小结

1. 介绍了民宿前台的服务内容、预订及接待的服务流程。
2. 介绍了民宿客房及公共区域的服务内容、不同房型的卫生流程。
3. 介绍了民宿餐饮的类型及不同餐饮的服务流程,以及特殊事件的处理程序。
4. 阐述了民宿客房的特色服务及其他服务,包括特色活动、旅行管家服务、票务代理服务、租借物品服务、会议服务等。

项目训练

一、知识训练
1. 民宿前台的服务内容有哪些?
2. 不同房型的卫生服务流程是什么?
3. 民宿餐饮的类型及对应的服务流程是什么?
4. 民宿的特色服务有哪些?

二、能力训练
1. 调研你家乡附近的民宿,请为该民宿设计一些富有当地文化内涵的特色活动。
2. 和传统酒店相比较,民宿服务的优势体现在哪些方面?

项目六
民宿日常管理

 项目描述

  民宿的日常管理是民宿运营管理中重要的工作,民宿日常管理的水平将会影响到民宿的服务质量及收益。民宿通过建立各项日常管理的执行标准与规范,保障民宿高质量和高效运营,形成具有核心竞争力的民宿品牌,从而获得更多的经济效益和社会效益。本项目通过对民宿服务质量管理、清洁保养管理、安全管理及成本管理等环节进行讲解,使学生掌握设计民宿日常管理的基本知识和必要技巧。

 **项目目标**

知识目标

1. 掌握民宿服务质量管理的方法。
2. 掌握民宿清洁保养管理的方法。
3. 掌握民宿安全管理的要点。
4. 掌握民宿成本管理的类别及方法。

能力目标

1. 能够制定民宿质量管理体系。
2. 能够对民宿清洁保养进行管理。
3. 能够根据预案解决民宿安全问题。
4. 能够控制好民宿运营成本。

素质目标

1. 培养学生管理意识以及对工作精益求精的态度。
2. 培养学生良好的职业素养和工匠精神。

项目六　民宿日常管理

知识导图

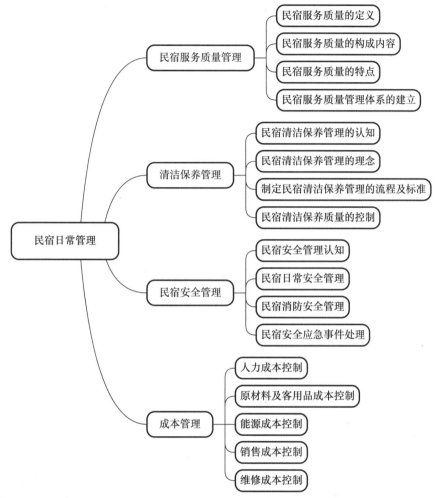

学习重点

1. 不同民宿管理的认知。
2. 不同民宿管理解决问题的方法。

项目导入

一次糟糕的入住体验

　　7月的一天，张先生在某旅游App预订了一家民宿，当他带着家人满怀期待地到达民宿时，发现整个民宿的环境实际情况与宣传的完全不符，加之前台接待人员冰冷的态度，他们一家人的心情一下子就变得很糟糕。到了客

房后，他们发现房间里有一股霉味，床上的布草皱皱巴巴，卫生间的卫生很差，地面及面盆均有毛发，由于天色已晚，旅途劳累，张先生一行简单地进行了淋浴就躺在床上准备休息。这时张先生发现床发出吱吱扭扭的声音，空调也一直不制冷，房间闷热无比，终于张先生忍无可忍打电话给前台投诉，要求换房，但前台值班人员表示由于太晚不给换房，只能维修，但维修人员也只能明天来。无奈之下，张先生拨打了当地的12345热线，民宿主马上赶到现场处理此事，及时给予了换房，并给予张先生一家做了补偿，将张先生原来所住的房间暂时标记为维修房。

从以上案例来看，常见的引发顾客投诉的主要原因包括：①客人有心理落差，感觉"被欺骗"；②客房设备设施有问题，无法正常使用；③服务人员态度不好及处理问题不及时，导致客人投诉。

> **思考：**
> 民宿只是一间房子里放一张床吗？民宿除了一个超级美的房子、有故事的主人，还应该更多地考虑怎么去做好民宿的质量管理，只有这样，才能让客人满意。

任务一 民宿服务质量管理

一、民宿服务质量的定义

民宿服务质量是指民宿为客人所提供的各项服务适合和满足客人的物质和精神需求的程度。所谓适合，是指民宿所提供的服务能够被客人接受。所谓满足，是指民宿所提供的服务能够为客人带来身心愉悦和享受。因此，民宿服务适合和满足客人的物质和精神上的需求的程度是衡量民宿服务质量优劣的重要标志。

二、民宿服务质量的构成内容

民宿服务质量有广义和狭义两种理解。广义上的民宿服务质量包括有形产品质量和无形产品质量，也可以理解为硬件产品质量和软件产品质量。狭义上的民宿服务质量仅为民宿主及服务人员所提供的服务，也可以理解为软件产品质量。实际上，有形产品质量评价相对客观，比较好控制，偏差并不大；而无形产品质量却很难有客观、量化的衡量标准，主要是由于服务者的个体差异和接受方的主观体验，评价结果常常会出现偏差，这往往会给管理者造成一些困扰。

（一）有形产品质量

1. 设施设备质量

民宿的设施设备是民宿赖以存在的基础，是民宿服务的依托。只有保证民宿设施设备的质量，才能为客人提供多方面的舒适服务，从而提高民宿的声誉和服务质量。

2. 实物产品质量

实物是能够摸得到的、非虚拟的产品，是满足客人物质消费需要的直接体现。实物产品质量包括房间布草舒适度、早餐质量、其他服务用品和客用品等的质量。

3. 服务环境质量

服务环境质量是指民宿的服务气氛给客人带来感觉上的美感和心理上的满足感。它主要包括符合民宿等级的建筑风格、富有文化特色的装饰风格，以及整洁安静且温度适宜的民宿环境和仪表仪容端庄大方的民宿服务人员。

（二）无形产品质量

无形产品质量即软件服务质量，是指民宿提供劳务服务的使用价值的质量，主要满足客人心理上、精神上的需求。

1. 礼貌礼节

礼貌礼节指民宿服务人员具有端庄的仪表仪容、文雅的语言谈吐、得体的行为举止等。它体现了一家民宿的精神风貌，也是民宿员工对客人的基本态度。

2. 职业道德

职业道德是人们在一定的职业活动范围内所遵守的行为规范的总称。民宿服务人员应遵循"热情友好，客人至上；真诚公道，信誉第一；文明礼貌，优质服务；不卑不亢，一视同仁；团结协作，顾全大局；遵纪守法，廉洁奉公；钻研业务，提高技能"的旅游职业道德规范，做到敬业、勤业和乐业。

3. 服务态度

服务态度指民宿服务人员在对客人服务过程中体现出来的主观意向和心理状态，具体要求是主动、热情、耐心、周到和具有"客人至上"的服务意识。

4. 服务技能

服务技能指民宿服务人员在提供服务时显现的技巧和能力，具体要求是掌握丰富的专业知识，具备娴熟的操作技术，并能根据具体情况灵活地运用，从而达到让客人满意的效果。

5. 服务效率

服务效率指民宿服务人员在其服务过程中对时间概念和工作节奏的把握。讲究效率不等于瞎忙，要力求服务快而不乱，反应敏捷、迅速且准确无误。

6. 安全卫生

民宿安全是保障客人、员工及民宿本身的安全。民宿清洁卫生直接影响客人身心健康，是优质服务的基本要求。

除上述产品质量内容以外，无形产品质量还包括员工的劳动纪律、服务的方式方法、服务的规范化和程序化等内容。

三、民宿服务质量的特点

（一）民宿服务质量构成的综合性

民宿服务质量构成内容包括多种因素，其中设施设备、实物产品是民宿服务质量的基础，服务环境、劳务服务是表现形式，而客人满意度则是所有服务质量优劣的最终体现。因此，民宿管理者要树立系统的观念，把民宿服务质量管理作为一项系统工程来抓，多方搜集民宿服务质量信息，分析影响质量的各种因素，并且要督导员工严格遵守各种服务或操作规程，从而提高民宿的整体服务质量。

（二）民宿服务质量评价的主观性

民宿服务质量的评价是由客人享受服务后根据其物质和心理满意程度进行的，因而带有很强的个人主观性。因此，需要民宿员工在服务过程中通过细心观察，了解并掌握客人的物质和心理需要，不断改善对客服务，为客人提供有针对性的个性化服务，并注重服务中的每一个细节，重视每次服务的效果，用符合客人需要的服务本身来提高客人的满意度，从而提高并保持民宿服务质量。

（三）民宿服务质量显现的短暂性

民宿服务质量是由一次一次内容不同的具体服务组成的，而每一次具体服务的使用价值均只有短暂的显现时间，即使用价值的一次性，如微笑问好、介绍菜点等。这类具体服务不能储存，一结束就失去了其使用价值，留下的也只是客人的感受而非实物。所以，民宿服务质量的显现是短暂的，不像实物产品那样可以返工、返修或退换，如要进行服务后调整，也只能是另一次的具体服务。因此，民宿管理者应督导员工做好每一次的服务工作，争取使每一次的服务都能让客人满意，从而提高民宿整体服务质量。

（四）民宿服务质量内容的关联性

客人对民宿服务质量的印象，是通过进入民宿直至离开民宿的全过程而形成的。在此过程中，客人得到是各部门员工提供一次一次具体的服务活动，但这些具体的服务活动不是孤立的，而是有着密切的关联。因为在连锁式的服务过程中，只要有一个环节的服务质量有问题，就会破坏客人对民宿的整体印象，进而影响其对整个民宿服务质量的评价。因此，在民宿服务质量管理中，有一个流行公式，那就是 $100-1<0$，即100次服务中只要有1次服务不能令客人满意，客人就会全盘否定之前的99次优质服务，并且还会影响民宿的声誉。这就要求民宿各部门、各服务过程、各服务环节之间协作配合，并做好充分的服务准备，确保每项服务的优质、高效，确保民宿服务全过程和全方位的"零缺点"。

（五）民宿服务质量的情感性

民宿与客人之间关系的融洽程度直接影响着客人对民宿服务质量的评价,这就是民宿服务质量的情感性特点。因此,作为民宿管理者,应采取积极妥当的措施,真诚地为客人考虑,赢得客人的信赖,与客人建立起良好和谐的关系。

（六）民宿服务质量对员工素质的依赖性

民宿产品生产、销售、消费同时性的特点决定了民宿服务质量与民宿服务人员表现的直接关联性。民宿服务质量是在有形产品的基础上,通过员工的服务创造并表现出来的。这种创造和表现满足客人需要的程度取决于服务人员的素质和管理者的管理水平。所以,民宿服务质量对员工素质有较强的赖性。

四、民宿服务质量管理体系的建立

（一）民宿服务质量管理体系的定义

民宿服务质量管理体系是指通过一定的制度、规章、方法、程序、机构等,把民宿服务的质量管理和质量保证活动加以系统化、标准化、制度化。

建立质量保证体系的目的,就是要把民宿各部门质量管理职能纳入民宿统一的质量管理系统,其核心是依靠全体员工的积极性和创造性,运用科学的管理方法和手段,满足客人的需求,最终提高客人满意度。客人满意度也是民宿服务质量管理努力的目标,因此需要制定民宿服务质量管理体系来指导民宿管理。

（二）民宿服务质量管理体系的具体内容

1. 建立严格的质量责任制

明确民宿相关部门及人员的职责、任务和权限,实行垂直领导、统一管理、分工协作。权责分工和质量责任制可以使所有的管理者和员工各司其职,有效地避免推卸责任,并使民宿服务质量管理的每一项规定和措施都能得到不折不扣的执行。所以,在民宿服务质量管理过程中,应明确规定各岗位应尽的责任和所拥有的权限,做到责权统一。

2. 保障质量保证体系卓有成效运行

设置专职有效的质量管理机构是提高民宿服务质量的组织保证。民宿应建立以民宿主为首的服务质量管理机构和网络,全面负责民宿的服务质量管理工作,即民宿各级管理者在民宿主的直接领导下,根据本部门或班组工作的实际情况,组建以各级管理者为首的服务质量管理小组,全面控制本部门或班组的服务质量,及时发现问题并予以解决,把民宿质量差错降到最低。

3. 制定明确的民宿服务与质量管理规程

在民宿服务质量管理过程中,通常是通过对服务标准和规程的制定与实施,以及各种管理原则和方法的运用,达到服务质量标准化、服务形式规范化、服务过程程序化,最终以优质服务赢得客人。

民宿服务规程就是民宿进行质量管理的依据和基础,是民宿根据各自的等级而制定出的适合本民宿实际情况的管理制度和作业标准。应在此基础上,进一步明确民宿服务质量管理制度。

服务质量管理制度的内容主要有服务质量标准及其实施工作程序、服务质量检查制度、信息管理制度、投诉处理程序以及服务质量考核(奖惩)制度等。民宿服务质量管理制度应详尽具体,但不宜过多,而且应避免重复交叉或自相矛盾而使员工无所适从。服务质量管理制度是贯彻执行民宿服务规程的依据。

4. 建立高效灵敏的质量信息反馈系统

使用质量信息的部门或人员应将质量信息的使用结果反馈给质管部,质管部应将此结果作为新的质量信息加以整理分析,并重新传递至有关部门人员。这也是为质量管理活动提供确凿的信息依据,确保质量保证体系的正常运作。

(三)民宿服务质量管理体系的核心内容

在民宿服务质量管理体系中,核心的内容是保证服务活动的标准化、规范化、程序化管理。

1. 服务质量标准化

民宿要制定各部门、各岗位、各类人员的服务工作质量规范标准,包括设施设备、实物商品、劳务质量和管理等方面的质量标准。制定时,要以客人的需求为中心,要简单明确、具有可操作性,要做到定性和定量相结合,各项标准要配套且自成体系。

2. 服务方式规范化

服务方式是指民宿采用什么形式和方法为客人提供服务,其核心是如何方便客人,使客人感到舒适、安全、方便。民宿服务项目大体上可分为两大类:一类是基本服务项目,即在服务指南中明确规定的,几乎对每位客人都会起作用的那些服务项目;另一类是附加服务项目,是指由个别客人即时提出,不是每位客人都需要的服务项目。服务项目反映了民宿的功能和为客人着想的程度,民宿质量管理必须以结合各项服务,提高服务质量为根本出发点,有针对性地提供服务。

3. 服务过程程序化

民宿服务贯穿客人到店前的准备工作、客人在店时的接待工作和客人离店时的结束工作三个基本环节。服务过程的程序化应包括服务前、服务中、服务后三个阶段。民宿应制定一系列制度,以明确各服务环节的工作要求,并采取一系列的措施,保证每个服务环节之间的有效协作,使民宿服务形成一个有序的整体流程。

任务二　清洁保养管理

一、民宿清洁保养管理的认知

民宿清洁保养包括清洁与保养两个方面。清洁是指清除民宿各种设备设施和物品表面的各种灰尘、油污等各种污渍,以保持其整洁;保养是指在被清洁物品不受损坏的前提下,恢复完美的状态,保持延续亮丽,并且延长被清洁物品的使用期限,发挥最大功效。

美国旅馆基金会曾与宝洁公司以邮寄问询表的形式对经常旅游的客人进行抽样调查。分别对客人初次选择一家饭店考虑的因素,再次选择一家饭店考虑的因素及客人不再选择一家饭店考虑的因素进行调查,结果是清洁保养因素始终排在第一位。

因此,民宿清洁保养管理在民宿运营中非常重要,这不仅仅是一个技术问题,还包括管理问题。通过清洁保养管理,可以使民宿保持一种常新的高水准状态,这关乎民宿的经济效益和发展前途。

同步案例

某千元网红民宿卫生安全该如何得到保障?

如今年轻人在外出旅行的时候特别喜欢住民宿,觉得民宿刚刚好,能够满足自己的个性化需求。但是曾有博主反映某网红民宿价格贵,民宿客房中还有霉菌、血渍和水垢等很糟糕的情况。民宿的工作人员倒是不以为意,并且还对此没有任何的感觉。

究其原因发现,这些民宿本身的监管就不到位,再加上在网络上有很多"网红"为这些民宿做广告,所以普通消费者就难以去辨别。

问题:
1. 这是属于民宿哪方面的管理?
2. 如果你是民宿管理者,你会怎样管理?

二、民宿清洁保养管理的理念

理念决定行为,正确的理念有利于质量标准的制定与实施,有利于员工发挥其工作的主动性,提高其工作质量。因此,树立正确的清洁保养管理理念是民宿做好清洁保养工作和提升清洁保养水准的首要环节。

（一）全员意识

清洁保养管理要强调全员参与的观念。因为清洁保养不仅仅是民宿清扫人员的工作，它与民宿的每位员工都有关，不论是民宿主、管家还是普通服务人员，都应具备正确的清洁保养意识，都有责任保持民宿环境的整洁、设备设施的有效及用品的完好、卫生。全员意识要求民宿主、管家及普通服务人员都注重整体的配合，共同做好清洁保养管理工作。

（二）专业意识

通过对清洁保养管理理念的深层理解，清洁同时必须考虑到保养，保养则要以清洁为前提，两者是相辅相成的。要通过不断地寻找彻底解决问题的方法来提升民宿员工的专业知识和技能，使管理人员形成不断探索的职业精神。

（三）服务意识

通过对民宿员工加以培训，让民宿员工更好地理解清洁保养的服务含义，用用心的服务去影响和改变客人的某些不恰当的行为，让他们自觉加入维护民宿环境的队伍中。

（四）环保意识

目前，许多国内外的大型民宿与连锁民宿集团都已经形成了一套对环境的"绿色"操作方法，因此，无论是设施设备的选择、清洁剂的购买，还是民宿员工环保意识的普及等，都是必然的趋势。

（五）追求卓越

卓越不是一个标准，而是一种境界。追求卓越是民宿清洁保养管理永恒的目标。民宿要将自己的优势、能力发挥到极致，充分利用所拥有的资源，做到自身的更加优秀。

三、制定民宿清洁保养管理的流程及标准

民宿清洁保养按照清洁保养区域划分，可以分为客房区域清洁保养、餐饮区域清洁保养、公共区域清洁保养等；按照清洁保养周期划分，可以分为日常清洁保养和周期清洁保养两种。

为了使清洁保养管理工作达到程序化、规范化、标准化，民宿应根据制定科学、合理的清洁保养管理流程、规范及质量标准。

（一）清洁保养管理流程和规范

民宿可以将员工的操作流程、服务规范用统一的格式描述出来，做到细化和量化，

用来指导和规范民宿清洁保养管理。

1. 民宿客房清洁保养管理

(1) 日常清洁保养流程和规范。包括客房清扫准备、进房、客房清扫的基本方法、不同状态客房(走客房、住客房、空房等)的日间清扫、客房晚间整理(夜床服务)、客房及用品消毒等方面的内容。

(2) 周期清洁保养流程和规范。周期清洁保养也称为"计划卫生清洁保养"。民宿应根据自身的实际情况确定周期清洁保养的相关项目、相应的周期及实施计划(见图6-1)。

图6-1　三秋美宿
(图片来源:一诺农旅规划公众号)

2. 公共区域清洁保养管理

(1) 日常清洁保养流程和规范。包括大厅的清洁、外围环境清洁、电梯清洁、公共洗手间清洁、餐厅清洁、餐具消毒等方面的内容。

(2) 周期清洁保养流程和规范。包括大理石地面结晶、地毯洗涤、墙体及玻璃清洁等方面内容(见图6-2)。

图6-2　芝麻谷
(图片来源:一诺农旅规划公众号)

（二）清洁保养管理质量标准

对民宿清洁保养进行有效管理，需要有一个标准，有了标准才能使清洁保养管理工作有明确的目标，检查和评价时有一定的依据。清洁保养管理质量标准主要包括以下三个方面的内容。

1. 时间标准

时间标准主要用于对工作进程的控制。为保证应有的工作效率和合理的劳动消耗，民宿应规定清洁保养工作的时间标准，实行定额管理。如规定清扫一间住客房和走客房清洁的时间要求，确定服务人员每天要打扫的客房数量等。有些地方的民宿为了激发员工的积极性、主动性和责任心，会对每天超额完成清洁保养任务并确保质量的服务人员进行额外奖励。

2. 操作标准

操作标准主要用于对工作过程的控制。为了保障清洁保养质量，要求服务人员保证操作频次，而且对其操作步骤、操作方法、操作工具均有明确规定，各区域布置都有明确的规定和统一的要求。如大厅的清洁频次、每日进房的频次等，所有这些操作标准都应该是安全有效的，便于员工掌握，根据客人的需求灵活变通，让客人感受到舒适、贴心。

3. 功能标准

功能标准主要用于对工作结果的控制。功能标准是指清洁保养工作应达到的效果，即清洁保养的质量标准。总体要求体现民宿的档次与服务的规格满足客人的需求，具体包括感官标准和生化标准两个方面。感官标准是指员工和客人通过视觉、触觉、嗅觉等感觉器官能直接感受到的标准，但因个体受不同，感官标准只是表面现象。生化标准是指由专业卫生防疫人员通过专门仪器设备采样与检测的标准，包含的内容通常是不能被人的感觉器官直接感知的，如布草及餐具消毒标准、空气卫生质量标准、饮用水质量标准等。

四、民宿清洁保养质量的控制

民宿经营者应根据清洁保养管理的计划、规程和标准，分别对员工和管理者进行清洁卫生保养质量控制的培训，以确保民宿的清洁保养质量。

（一）做好员工和管理者的培训

1. 培训员工对清洁保养质量标准的认知

培训员工对清洁保养质量标准的认知主要包括：清洁工具、清洁剂的正确使用；清洁保养的规范操作；熟练掌握新材料、新设备、新用品的使用，提高清洁保养的效率和效果。

2. 培训管理者掌握正确的清洁保养质量检查的程序

对于清洁保养质量，一般可采用按顺时针或逆时针方向，从上到下、循序检查。按一定程序检查可以避免疏漏，提高检查效率。培训管理者使用正确的检查方法，可采取看、摸、试、闻、听等方法检查清洁保养质量。通过这些方法,可以看出灰尘是否擦拭干净、设备是否完好有效,以及是否有异味、是否有噪音等问题。

(二)建立清洁保养检查的考核制度

由于员工的工作态度和能力的不同,虽然建立了清洁保养管理质量标准,但并不能保证所有的员工都能够按照标准执行到位。因此,建立相应的检查考核制度、加强监督与指导就显得非常重要。民宿清洁保养质量检查可采用如下方式进行,并形成逐级检查制度。

1. 服务人员自查

服务人员对自己完成的每一项清洁保养工作进行自我检查并形成习惯,确保清洁保养对象在设备设施运行、用品补充布置和清洁卫生状况等方面都达到标准要求。自查有利于加强员工的工作责任心和质量意识,有利于提高清洁保养的合格率,同时也有利于减轻民宿店长或管家的工作压力。

2. 管家普查

管家会对客房及公区进行全面检查。管家查房如发现问题,应及时记录,填写"客房检查表"(见表6-1)和"公共区域检查表"(见表6-2),并及时加以解决。对不合格的项目,应令服务人员返工,直至合格为止。只有经过检查并合格的客房,才可以再次出租。管家查房可以起到拾遗补漏、指导帮助和督促考察的作用,还可以成为一种有效的员工在岗培训。

表6-1 客房检查表

清扫员:　　　　　检查人:　　　　　日期:

房号	房态	时间	卫生情况	用品情况	设备情况	备注

表6-2 公共区域检查表

清扫员:　　　　　检查人:　　　　　日期:

区域	时间	卫生情况	用品情况	设备情况	备注

3. 店长抽查

民宿店长每天抽出一定时间对客房或公区进行抽查，以督导民宿的清洁保养质量。如民宿店长和民宿主为同一人，可将客房的普查有机地结合起来。

4. 神秘客人抽查

民宿可以定期或不定期地邀请同行、专家以普通消费者（神秘客人）查抽的身份进行消费体验，明察暗访，帮助民宿"挑毛病、找问题"。

5. 做好工作记录与考核

民宿管家应对检查记录进行汇总统计，每月对员工工作表现和实际绩效进行评定，这对提高员工的责任心，提升民宿管理水平和效益有着重要的作用。

任务三　民宿安全管理

一、民宿安全管理认知

（一）民宿安全管理的意义

民宿安全是指民宿内部的生产服务与经营秩序保持良好的安全状态，保证民宿客人、员工的人身与财物以及民宿财产的安全在民宿控制范围内不受侵犯的环境。

安全是旅游的底线，没有安全也就没有人们健康的旅游，也就不存在民宿的发展。安全、舒适、方便是客人对民宿产品的最基本需求。增强安全意识，提高对安全事故的预防与处理能力是民宿工作的重要内容。因此，民宿安全管理具有重要意义。

（1）民宿安全管理直接关系到客人的满意度。

（2）民宿安全管理直接关系到民宿的社会效益和经济效益。

（3）民宿安全管理包括对员工生命与财物的安全保障，直接关系到员工积极性和民宿的服务质量。

（4）民宿安全管理直接影响接待地区的形象与经济发展。

（二）民宿安全管理的特点

（1）民宿安全管理的复杂性。民宿接待的客人、住店目的、生活习俗、来店时间等都不同，因而民宿安全管理工作的内容十分复杂。

（2）民宿安全管理的政策性。民宿工作人员不仅要有丰富的法律知识，而且还需要有很强的政策观念。

（3）民宿安全管理的预防性。民宿安全管理要立足于预防，即民宿的安全管理不能局限于对已发生事故的处理方面，应坚持以预防为主的基本原则。

（4）民宿安全管理的全员性。民宿的安全管理工作涉及各部门的各岗位与每个员工，民宿安全管理工作具有明显的全员性。

(5)民宿安全工作的服务性。这是指服务是民宿产品的核心,民宿是以服务为宗旨的。

(三)民宿安全管理隐患的定义

《职业安全卫生术语》把"事故隐患"定义为:可导致事故发生的人的不安全行为、物的不安全状态及管理上的缺陷。

《重大事故隐患管理规定》定义"事故隐患"为:劳动场所、设备及设施的不安全状态,以及人的不安全行为和管理上的缺陷。

民宿安全管理隐患,是指隐藏的祸患,即隐藏不露、潜伏的危险性大的事情或灾害。它是指民宿员工及客人违反安全生产法律、法规、规章、标准、规程和安全生产管理制度的规定,或者因其他因素在民宿生产经营活动中存在可能导致事故发生的物的不安全状态、人的不安全行为和管理上的缺陷。

从以往的企业安全生产检查中发现,导致安全事故隐患,人的不安全行为占比约为50%、管理上的缺陷约占30%,物的不安全状态约占20%。因此,加强民宿管理同样要重视对员工的培训及安全管理。

(四)民宿安全设施设备的分类

安全设施设备是指一切能够预防、发现违法犯罪活动、保障安全的技术装备,由一系列机械、仪器、仪表、工具等组合而成。配备安全设施是做好民宿安全工作的必要条件。

1. 电视监控系统

电视监控系统是现代管理设施的一个重要组成部分,配置的目的是提高安全效益、优化安全服务、预防安全事故的发生、保障客人的安全。电视监控系统由多台电视屏幕、摄像机、自动或手动图像切换机和录像机组成。通过屏幕监控民宿各要害部位的情况,如前台、出入口等。电视监控系统主要设置在民宿公共区域,包括客房走廊和进出口多而又不易控制的地方。

2. 消防控制系统

应在民宿的客房、走廊等要害部位装置烟感器、温感器等报警器材,集中管理。这些地方一旦发生火灾苗头,消防控制柜就会显示火警方位,相关人员即可采取紧急应对措施。消防控制系统主要有烟感报警器、灭火器、消防栓等。

3. 安全报警系统

安全报警系统是民宿防盗、防火安全工作的一个重要环节。防盗重点是对非法进入者进行监督控制,在出现危害客人安全、偷盗财物等情况时,能够及时报警。

4. 其他安全设施

其他安全设施包括民宿出入口门禁安全管理系统、客房门窥镜、客房安全防盗扣、安全逃生图、安全指示灯、防毒面罩等。

(五）民宿安全管理措施

（1）在对民宿内可能引起对客人、员工及民宿造成损害的各种因素进行全面研究的基础上，结合民宿服务工作及经营活动的特点与实际，制订民宿安全工作计划。

（2）在民宿内组织建立起专职的安全部门及民宿安全工作网络，并建立和完善有关安全工作的各项规章制度。

（3）在民宿安全计划实施的过程中，指导各部门、各岗位和有关民宿的安全工作，明确目标，下达指示，布置任务。

（4）协调民宿内各部门的安全工作，与当地公安、消防部门以及其他执法机关进行联络，与其保持良好的工作关系，取得他们对民宿安全工作的指导与协助，系统地将民宿内外的安全工作及力量结合起来，以便更好地达到民宿安全工作的整体目标。

（5）根据民宿安全管理的要求，明确民宿各项安全工作的整体目标，对民宿各项安全进行检查，对各部门、各岗位的安全工作进行考核。要注意反馈信息，及时纠正偏差。

二、民宿日常安全管理

（一）客人住宿登记安全管理

民宿在受到客人欢迎的同时，有时也会出现人身和财产安全面临威胁等社会治安问题。一些不规范的在线住宿预订平台和民宿，不验证身份，只记录客人的姓名和联系方式，经营者无法判断其是否有违法行为，公安管理部门无法对流动人员进行有效管控，导致存在许多治安隐患。在网站预订民宿中，有时会出现发布不实房源、伪造虚假网站、违约赔付、信息被泄露等违法行为，客人与网络平台之间容易因房源与现实描述不符而出现纠纷。因此，民宿的规范经营应严格执行住宿登记制度，并且做好下列事项。

（1）民宿应将从业人员（包括法定代表人、实际经营人，以及从事信息登记报送、安全保卫、客房服务等工作的人员）的个人身份信息，以合适的方式报送公安机关。

（2）民宿工作人员应当查验住宿人员的身份证件，通过当地旅馆业治安管理信息系统（含人证核验设备）登记住宿人员姓名、身份证件种类和号码等信息，并实时报送公安机关。

（3）入住人员应当配合民宿工作人员进行入住登记，主动向民宿工作人员出示有效身份证件。因某些原因未携带有效身份证件的，应当到民宿所在地的公安派出所开具相关身份证明。对身份不明、无有效身份证明材料或者拒绝查验的，不提供住宿服务。

（4）民宿内发现下列人员或者物品的，应当立即报告公安机关：违法犯罪嫌疑人员或者被公安机关通缉的人员；携带枪支弹药、管制器具、毒品、非法宣传品等违禁物品的人员；爆炸性、毒害性、放射性、腐蚀性等危险物品；其他可疑的人员和物品。

（二）客人安全提醒

民宿经营者应设计和制作安全管理小手册，做到服务人员熟知并能对客人进行安全提醒。注意事项主要如下。

（1）询问入住人员是否有老人或小孩，提醒客人注意相关安全事项。

（2）在入住时向客人说明灭火器、烟雾报警器、医疗急救包、声控灯、手电筒等安全设施等的位置，给客人最全面、最及时的人身、财产及心理安全保护措施。

（3）提供必要的公共安全信息，如民宿管家联系电话和周边医院、派出所的位置及电话，以及其他在紧急情况下客人需要的信息。

（4）制作电器使用说明书，将说明书摆放在显眼位置，并提醒客人认真阅读。

（5）提醒客人易发生危险的区域和设施，并设置相应的安全警示标志。

（6）提醒客人周边游玩的安全注意事项。

（三）食品安全管理

根据《中华人民共和国食品安全法》的界定，食品安全是指食品无毒无害，符合应当有的营养要求，对人体健康不造成任何急性、亚急性或者慢性危害。保证食品安全是民宿食品安全管理的重中之重。民宿食品安全管理是指民宿运用有效资源，采取计划、组织、领导和控制等方式，通过对食品、食品添加剂及食品原材料的采购，食品生产、流通、销售及食品消费等过程进行有效的协调及整合，确保食品市场活动健康有序地开展，保证公众生命财产安全和社会利益目标的活动过程。

1.食品原料采购及储存安全管理

民宿食品安全管理必须从源头着手，因为要保证食品安全，首先必须保证食品原料的安全。因此，采购要执行向供应商索证索票制度，具体要求如下。

（1）严格审验供货商（包括销售商或者直接供货的生产者）的许可证和食品合格的证明文件。

（2）对购入的食品，索取并仔细查验供货商的营业执照、生产许可证或者流通许可证、标注通过有关质量认证食品的相关质量认证证书、进口食品的有效商检证明、国家规定应当经过检验检疫食品的检验检疫合格证明。上述相关证明文件应当在有效期内首次购入该种食品时索取和查验。

（3）购入食品时，索取供货商出具的正式销售发票，或者按照国家相关规定索取有供货商盖章或者签名的销售凭证，并留存真实地址和联系方式，销售凭证应当写明食品名称、规格、数量、单价、金额、销货日期等内容。

（4）索取和查验的营业执照（身份证明）、生产许可证、流通许可证、质量认证证书、商检证明、检验检疫合格证明等。质量检验合格报告和销售发票（凭证）应当按供货商名称或者食品种类整理建档备查，相关档案应当妥善保管，保管期限自该种食品购入之日起不少于2年。

2. 食品原料贮存安全管理

民宿食品原材料贮存是否科学合理,同样关系到食品原料的安全,必须注重以下三个环节。

1) 注重原料验收制度

每次购入食品,库管员如实记录食品的名称、规格、数量、生产批号、保质期、供货者名称及联系方式、进货日期等内容。采取账簿登记、单据粘贴建档等多种方式建立进货台账。食品进货台账应当妥善保存,保存期限为自该种食品购入之日起不少于两年。食品安全管理人员定期查阅进货台账和检查食品的保存与质量状况,对即将到保质期的食品,应当在进货台账中作出醒目标注,并将食品集中陈列或者向消费者作出醒目提示;对超过保质期或者腐败、变质、质量不合格等食品,应当立即停止销售,撤下柜台销毁或者报告工商行政管理机关依法处理,食品的处理情况应当在进货台账中如实记录。

2) 注重原料保质期

不同食品原材料都有一定的贮存期限,因此保证原材料在有效期内使用,就需要进行合理编号。按有效期在货架上自前向后摆放,这样能够保证原材料按照"先进先出"原则使用。

3) 注重食品科学分类存放

应保证食品分类、分架、隔墙隔地存放。各类食品有明显标志,有异味或易吸潮的食品应密封保存或分库存放,易腐食品要及时冷藏、冷冻保存。食品与非食品应分库存放,食品仓库实行专用并设有防鼠、防蝇、防潮、防霉、通风的设施,防止食品过期、变质、霉变、生虫。

3. 食品制作安全管理

民宿食品安全管理常见的现象有食物中毒,这是民宿管理中非常不愿意发生的事情。因此,民宿在整个食品制作的过程中要格外重视,从对厨师的管理、食物的制作过程及售卖过程均进行严格控制,尽可能预防食品安全事故发生。

1) 加强从业人员安全意识培训

严格执行从业人员健康检查制度,制定个人卫生管理制度,对从业人员进行食品安全知识培训,建立从业人员食品安全知识培训档案,将培训时间、培训内容、考核结果记录归档,以备查验。

2) 严把烹饪加工过程管理

加工前检查食品原料质量,做到变质食品不下锅、不蒸煮、不烘烤。熟制加工的食品要烧熟煮透,其中心温度不低于70 ℃。烹调后至食用前需要较长时间(超过2小时)存放的食品应当在高于60 ℃或低于10 ℃的条件下存放。需要冷藏的熟制品应在放凉后再冷藏。

凉菜加工用的工具、容器必须专用,用前必须消毒,用后必须洗净并保持清洁。凉菜应当由专人加工制作,非凉菜间工作人员不得擅自进入凉菜间。食品添加剂使用必须符合《食品添加剂使用卫生标准》(GB 2760—2014)或《中华人民共和国食品安全法》规定的品种及其使用范围、使用量,不得随意扩大使用范围和使用量。

3）适时做好食品留样管理

餐饮服务行业规范类食品安全国家标准《食品安全国家标准 餐饮服务通用卫生规范》(GB31654—2021)规定,学校(含托幼机构)食堂、养老机构食堂、医疗机构食堂、建筑工地食堂等集中用餐单位的食堂,以及中央厨房、集体用餐配送单位、一次性集体聚餐人数超过100人的餐饮服务提供者,应按规定对每餐次或批次的易腐食品成品进行留样。每个品种的留样量应不少于125 g。根据该项规定,只有条款中的餐饮业态需要进行留样,并且只需对易腐食品进行留样,其他食品则无须留样。

民宿可以根据实际情况对部分食品留样,食品留样需放在专门食品留样盒。留样后,立即密封好、贴好标签,注明留样时间、品名、餐次、留样人,存入专用留样冰箱内;留样食品必须保留48小时,到了规定时间后方可倒掉。

4. 发生食物中毒事件处理流程

1) 报告

发生食品安全事件或可疑事件时,发现或者接到报告的人员,应立即向民宿管理者反映。

2) 控制

立即停止食用可疑食品;封存厨房及有关原料仓库,封存被污染的食品及用具;追回已售出的可疑食品。

3) 救治

将食物中毒者及时送往当地医疗机构进行救治。

4) 收集、保全

收集、保全食物中毒者食用过的所有剩余食物及当餐所用原料、辅料等;收集、保全食物中毒病人的呕吐物、排泄物等。

5) 上报

民宿管理者在知道该事件起2小时内以最快捷的通信方式报告当地食品药品监管部门和卫生部门。

6) 协助调查

协助调查,即协助配合食品药品监管部门和卫生部门查明食品安全事件原因。

三、民宿消防安全管理

火灾是现实生活中常见的、突出的、危害极大的一种灾难,是直接关系到人民生命安全、财产安全的重大问题,所以要清醒地认识到"安全就是效益"。消防工作是其他工作的保障,要牢牢树立"安全第一"的思想,将安全生产工作放到尊重生存权、尊重人权的高度。要本着对社会、对公众负责任的态度,明确责任,狠抓落实,时刻做到居安思危,警钟长鸣,防患于未然。做好民宿消防安全管理就是要预防发生火灾,降低火灾对民宿造成的破坏程度,减少人员伤亡和财产损失。

知识活页

民宿安全基本要求

（一）民宿消防安全隐患

民宿消防安全的主要隐患主要有以下几个方面。

1. 违规装修施工

有些民宿进行装修改造施工，由于用火、用电、用气设备点多量大，加上有的民宿施工材料不符合消防安全的规定，一旦工人操作失误或处理不当，容易导致消防安全事故的发生。

2. 电气设备老化

民宿电气线路老化或配置不合理，容易引发火灾。如大量使用单层绝缘绞线接线板，这种电线没有护套，易因挤压或被动物咬噬而发生短路，民宿客房内的电熨斗、电暖气等电热器具，如使用不当、违章接线或忘记断电会使电气设备过热引燃周围可燃物造成火灾。

3. 厨房不当操作

厨房不当操作，如厨房在炉灶上煨、炖、煮各种食品时，浮在上面的油质溢出锅外，遇火燃烧。此类火灾蔓延速度快，扑救困难，特别是油类火灾，无法用水进行扑救。

4. 住店客人安全意识不强

客人在民宿卧床吸烟是诱发火灾的重要因素，儿童如无同行成人监督，容易因玩火而引发火灾，且事后易惊慌失措，错过遏制火情的有效时机。

5. 施救设施设备不全或失效

目前，一些民宿存在安全出口锁闭或数量不足，疏散通道被堵塞、占用，消火栓被圈占、遮挡，自动报警、喷淋设施损坏或未按要求安装，疏散指示标志不足，应急照明损坏，灭火器过期等现象，一旦发生火灾，得不到及时扑救，最终容易酿成事故。

6. 员工消防安全意识薄弱

员工消防意识不足、民宿消防安全制度不健全、责任制落实培训不到位等，都会导致发生火灾时不能及时自救和疏散客人。

（二）民宿从业人员的消防要求

民宿从业人员应该做到"四懂、四会、四个能力"。"四懂"，是指懂得火灾的危险性、懂得预防火灾的措施、懂得扑救火灾的方法、懂得逃生的方法。"四会"，是指会使用消防器材、会报火警119、会扑救初期火灾、会组织疏散逃生。"四个能力"，是指检查消除火灾隐患的能力、扑救初期火灾的能力、组织疏散逃生的能力、消防宣传教育的能力。

（三）民宿消防安全管理的要求

1. 配齐并维护保养消防设施

目前，相关规范标准有2017年国家签发的《农家乐（民宿）建筑防火导则（试行）》，其中规定民宿需要的消防设备如下。

（1）应设置独立式感烟火灾探测报警器或火灾自动报警系统。

(2)每25 m²应至少配备一具2 kg灭火器,灭火器可采用水基型灭火器或ABC干粉灭火器,灭火器设置在各层的公共部位及首层出口处。

(3)每间客房均应按照住宿人数每人配备手电筒、逃生用口罩或消防自救呼吸器等设施,并应在明显部位张贴疏散示意图。

(4)安全出口、楼梯间、疏散走道应设置保持视觉连续的灯光疏散指示标志,楼梯间、疏散走道应设置应急照明灯。

(5)有条件的地区,可在二层以上客房、餐厅设置建筑火灾逃生避难器材。

(6)单栋建筑客房数量超过8间或同时用餐、休闲娱乐人数超过40人时,应设置简易自动喷水灭火系统;如给水管网压力不足但具备自来水管道时,应设置轻便消防水龙。

另外,应当在可燃气体或液体储罐、可燃物堆放场地、停车场等场所,以及邻近山林、草场的显著位置设置"禁止烟火""禁止吸烟""禁止放易燃物""禁止带火种""禁止燃放鞭炮""当心火灾——易燃物""当心爆炸——爆炸性物质"等警示标志。在消防设施设置场所、具有火灾危险性的区域,应在显著位置设置相应消防安全警示标志或防火公约。

2. 建立健全的防火责任制和消防安全制度

消防工作贯彻预防为主、防消结合的方针,坚持专门消防机关与民宿员工相结合的原则,实行防火责任制。确定各部门、各岗位的消防安全责任人,采取"谁主管,谁负责"的原则,是推行安全目标管理、落实安全责任制的重要举措,可以及时发现消防安全问题,消除火灾隐患。只有消防安全的各项制度健全、职责清楚、目标明确、管理严格、责任落实到位,才能及时消除火灾隐患,为民宿创造良好的消防安全环境。

3. 加强消防安全教育培训

针对民宿的特点对员工进行消防宣传教育。民宿经营者可以利用各种形式,经常向员工宣传消防法规,普及消防知识,介绍防火灭火经验和火灾隐患、火灾事故及其教训,表彰热心消防、勇敢灭火的好人好事。除加强日常的消防宣传,还可以每年在适当的时候集中对员工展开消防宣传活动,并根据民宿的特点对员工进行消防演练,使员工熟悉民宿疏散通道、安全出口的位置,熟悉疏散装备或器材的位置和使用方法,能通过喊话、发出灯光信号等方式,引导火场人员采取正确的方式、沿着正确的路线有序逃生,并提醒火场人员在疏散时不要慌,以提高疏散效率。

4. 组织消防检查,及时消除火灾隐患

民宿经营者必须经常性地组织全面防火检查,及时消除各种火灾隐患,保证民宿的消防安全。要定期组织检验、维修,确保消防设施和器材完好、有效。要保障疏散通道、安全出口畅通,并设置符合国家规定的消防安全疏散标志。只有通过以上措施进行防范,才能确保民宿的消防安全。

(四)发生火灾时的处理流程

1. 报警

火灾发生后,服务人员应立即通知民宿管家,或者直接拨打"119"报警,与消防部门联系,并详细地说明火灾发生的地点,以便消防人员能迅速赶到现场进行灭火。

2. 疏散

及时地疏导顾客远离火灾现场。在疏导客人离开时,服务人员要沉着、果断、冷静。对于有些行动不便的客人,服务人员要立即给予帮助,以保证客人的生命安全和财产安全。

3. 自救

服务人员要积极地做一些力所能及的灭火与抢救工作,尽量把损失降到最低。

4. 安抚

消防队到达后,民宿在场的人员应及时向指挥员介绍已查明的火场情况。除协助灭火,民宿工作人员还应该主动、耐心地安抚客人。

四、民宿安全应急事件处理

应急管理是针对民宿各类突发事件,从预防与应急准备、监测与预警、应急处置与救援到事后恢复与重建等全位、全过程的管理。通俗地说,民宿应急管理就是对发生在民宿的各类突发事件的管理。

(一) 民宿安全应急事件分类

根据《中华人民共和国突发事件应对法》和《国家突发公共事件总体应急预案》的规定,突发公共事件主要分为以下四类。

1. 自然灾害

自然灾害主要包括:气象灾害,如台风、暴雨(雪)、大风(沙尘暴)、雷电、冰雹、冰冻、大雾等;地质灾害,如泥石流、山体滑坡、地面塌陷(沉降)、火山爆发等;海洋灾害,如风暴潮、海啸、灾害性海浪等;生物灾害,如虫(蛇)害、鼠害、草害等。

2. 事故灾难

事故灾难主要包括:工矿商贸等企业的各类安全事故、交通运输事故、公共设施和设备事故、环境污染和生态破坏事件等。民宿常见的事故灾难有房屋倒塌、交通事故、爆炸、火灾、中毒、触电、环境污染、滑倒坠落等。

3. 公共卫生事件

公共卫生事件主要包括:传染病疫情、群体性不明原因疾病、食品安全和职业危害、动物疫情,以及其他严重影响公众健康和生命安全的事件。这些事件会使旅游消费大幅减少,导致许多民宿出现长时间无人问津的情况,使得民宿的正常经营遇到严峻的挑战。

4. 社会安全事件

社会安全事件一般包括:重大刑事案件、恐怖袭击事件、涉外突发事件经济(金融)安全事件、规模较大的群体性事件、民族宗教突发群体事件、学校安全事件以及其他社会影响严重的突发性社会安全事件。民宿可能会关联到的常见的社会安全事件,包括重大刑事案件、规模较大的群体性事件等。

（二）应急突发事件的主要特点

一般来说，应急突发事件主要有如下几个特点。

1. 突发性

突发性是突发性事件的首要特征。尽管突发性事件可能有较长的潜伏期，但其发生往往具有一定的偶然性和突发性。

2. 不确定性

突发性事件的发生时间、实际规模、影响深度、发展趋向都是难以预测的，呈现出多样性和变换性。

3. 危害性

突发性事件往往都具有较大的社会危害性，对社会正常秩序和核心价值造成破坏或威胁，危及社会的公共利益和社会成员的生命财产。

4. 扩散性

突发性事件具有很强的扩散性，常常成为引发大的社会危机的第一个"多米诺骨牌"。

5. 聚焦性

突发性事件由于其发生的突然性、破坏的巨大性、发展的不确定性，常常受到社会各界的高度重视，成为人们关注的焦点。

（三）民宿安全应急事件的管理措施

应急管理分为预防、准备、响应和恢复四个过程。主要内容包括应急管理组织体系、应急救援预案管理、应急培训、应急演练、应急物资保障等。民宿主与员工要从应急管理的整个过程和主要内容出发，完善应急管理措施，全面做好突发事件的应急准备。

1. 加强应急管理组织建设

民宿规模往往较小、人员数量较少，要成立由民宿管理人员应急管理制度领导小组，对应急管理工作做出具体安排，做到职责明晰、分工明确。

2. 开展应急预案的编写和修订

民宿主要直接负责组织应急预案的编制工作。预案需符合《生产经营单位生产安全事故应急救援预案编制导则》，预案要保持与相关部门预案的衔接。要根据国家法律法规及实际演练情况，适时修订预案，做到科学易操作。

3. 定期开展应急管理培训

每年应至少进行一次全员应急管理培训，培训内容应当包括事故预防、危险辨识、事故报告、应急响应、各类事故处置方案、基本救护常识、避灾避险、逃生自救等。

4. 定期开展应急演练

应根据年度应急演练计划，每年至少分别安排一次演练，强化职工应急意识，提高应急队伍（人员）的反应速度和实战能力，同时做好演练记录和总结。

5. 确保应急通信设备保障

民宿要对电话、对讲机、手机等通信器材进行经常性维护或更新，确保通信畅通。特别是位于山区、林区等偏远区域，通信基础设施落后、无线(移动)通信条件较差的地方，要适当保留固定(有线)通信设备，确保在恶劣气象等条件下的应急通信需要。

6. 储备必要的应急救援物资

要根据民宿预案做好应急救援设备、器材、防护用品、工具、材料、药品等保障工作。要确保经费、物资供应，切实提高员工的应急保障能力，并对应急救援设备、设施定期进行检测、维护、更新，确保其性能完好。

任务四　成 本 管 理

成本控制有利于实现民宿利润最大化，从而提高民宿在区域、行业内的竞争力。成本控制不是简单的缩减，而是在保证质量并且能够提高质量的情况下，对人力、物力使用进行科学梳理和调整，提高综合利用率。

一、人力成本控制

(一) 成本范围

民宿行业是以人为中心的行业，民宿的管理说到底就是对人的管理。要运用科学的方法对酒店的人力资源进行有效的利用和开发，以提高全体员工的素质，使其得到最优化的组合，发挥其最大的积极性，从而提高全体员工的素质，不断提高劳动效率，节约人工成本。

民宿人力成本包括人员薪酬成本、人员生活成本(吃住、日常生活用品购买等)、人员福利成本(缴纳五险一金、过节福利发放等)。

(二) 常见问题

1. 酒店员工素质普遍较低，人才流失率高

由于民宿客房数量较少，有些民宿地理位置偏僻，因此员工多为周边村里的闲置人员，专业素养有待提升。然而民宿却是一个提倡有温度的、有人情味的、有情怀的地方，是一个人与人心灵交换且沟通交流的平台。因此，民宿行业的发展需要专业技能扎实、服务意识良好、服务行为规范、一专多能的高素质复合型人才。

2. 培训效果不明显，没有建立起真正有效的员工培训机制

虽然民宿行业现在越来越重视对的员工培训，但是仍没有建立起具有针对性的培训机制，而且大部分员工认为只是例行公事，将行业培训当成任务来完成，所以民宿人员职业能力及工作能力还普遍较弱。另外，在培训的具体实施上，具有针对性的培训少,对服务技能培训、话术沟通培训、管理技能培训、综合素质培训、团队合作精神等培训进行得较少,而且开展培训与员工的工作时间常常形成冲突,因此培训效果不明显,没有起到相应的作用。

3. 薪酬管理体系缺乏科学系统性

民宿淡旺季明显,且民宿中往往是一人身兼多职,因此如何做好人员配备和薪酬管理机制是民宿极为重要的工作。这也是人力资源管理较为敏感的部分,因为它关系到每一位员工的切身利益,并由此密切影响到民宿行业的发展。

(三)解决措施

1. 建立员工标准化服务培训机制,提高员工服务意识与技能水平

首先,招聘有潜质并热爱民宿工作的大学生,作为管理人才队伍建设,通过分配到基层进行工作锻炼,如果达到了特定的指标并通过评审,可以提升到一定的职位。这样,通过不断的磨练和培养,就可以培养出既具有实践经验,又具有较高理论水平的民宿管家。另外,针对提升民宿员工的服务技能与服务意识,制定每项工作的服务标准,形成标准化的服务语言和标准化的行为动作、工作流程和应急预案等。通过对每一批员工进行标准化的系统培训,提升服务人员的服务水平。通过标准化技能培训,提升员工的综合素质。

2. 优化人员架构体系,减少人员成本支出

民宿淡旺季明显,由于淡旺季客流量的差别,对应的是淡旺季工作量的差别,尤其体现在客房打扫卫生人员数量上。对于这种差别,要灵活安排人员。如旺季在保证现有人员不变的情况下,可以通过兼职形式来招聘打扫人员。或者通过时间调整,安排其他人员一起打扫。

3. 制定合理的薪酬方案与晋升制度,留住优秀人才

很多民宿采取传统单一的固定工资薪酬体系,这种体系的弊端很明显。例如,旺季时民宿盈利较多,员工付出多,但工资没变,这会降低员工的积极性;淡季时,民宿挣得少,员工付出也相对较少,工资依然不变,这会影响民宿利润。民宿经营者可以采用"基本工资+绩效工资+福利"这种薪酬体系。另外,可以为员工提供未来发展空间,建立有未来发展的晋升制度,以减少员工流动率。这样的形式也更加多样灵活,而多劳多得能够极大地激发员工的积极性,从而提高员工的工作效率,为民宿创造出更多利润。

二、原材料及客用品成本控制

原材料及客用品成本涉及范围较广,是成本控制中可控空间较大的一个。原材料及客用品成本如果进行合理有效的控制,能够最大限度地提高利润空间。

(一)成本范围

物耗成本主要包括餐饮食品原材料及客房客用品等。

（二）常见问题

（1）采购制度、方法不完善，采购数量及质量控制不当。
（2）领用制度及方法不合理，浪费现象较为严重。
（3）缺少对该成本统计分析，对原材料及客用品价格及使用数量不敏感。

（三）解决措施

（1）制定合理采购标准和制度，采购人员应熟悉食材及周边市场动态变化。食材最好就地选购，以减少运输成本。如果采购量大，要挑选合适的供应商，建立长期合作关系。保证食材供应稳定及食材价格低于市场价格。做好库存管理，因为库存不当会引起食物变质等问题。

（2）在不影响客房入住体验感情况下，根据价格、淡旺季情况搭配不同数量和质量耗品。

（3）在每天需求量少的情况下，减少库存数量，做到当天定量采购。

（4）倡导客人参与保护环境、不使用客房一次性用品。餐桌上张贴"节约食物"等宣传标语，提醒客人不要浪费。

三、能源成本控制

（一）成本范围

在民宿经营中产生的消耗主要包括日常消耗和设施设备运行中的能源消耗，它们统称为民宿的能耗。一般民宿的能源消耗有水、电、气等，其中以电为主。电力消耗中，一般空调耗能会占总能耗的一半。民宿作为能源消耗大户，节约使用能源、降低基本耗损，不仅意味着降低民宿经营成本，提高营业利润，而且能够促进生态的可持续发展，意义重大。

（二）常见问题

（1）管理层的意识问题，能源浪费严重。
（2）能源使用没有考核制度，缺乏分级管理。
（3）未采用节能设备，造成能源消耗量大。
衡量民宿能源使用情况的一个重要指标是产值能耗比（耗能与收入比）。据统计，我国民宿耗能与收入比在7%—15%。

（三）解决措施

（1）总体上制定合理规划的能源使用规则，杜绝浪费能源，培养客人和员工节约使用水、电、气的意识。

（2）更换节能设备。如更换照明节能设备，以低效照明为主；采用节水型设备，节约用水等。

（3）制定合理节约用电措施。可以根据季节、天日长短调整晚上亮灯时间及亮灯位置。如走廊、大厅、招牌等亮灯时间，夏季可安排在19:00，冬季可安排在18:00；23:00 熄灭公共区域部分灯，24:00熄灭除走廊以外所有的灯，早上7:00熄灭走廊灯。

四、销售成本控制

（一）成本范围

这里的销售成本，主要是指民宿在线上电商平台（OTA）做推广所付的佣金。

（二）常见问题

常见问题包括民宿销售渠道狭窄，过度依赖OTA平台。而OTA平台15%左右的佣金对于体量小的民宿来说是一个不小的负担。

（三）解决措施

（1）拓宽销售渠道，减少对OTA平台的依赖，降低佣金成本。如通过提升服务、提升客人入住体验感，以便通过客人的口碑宣传，增加推荐客人来源渠道。

（2）根据淡旺季客人流量，适当性进行房态操作。如春节期间，线上线下客流量大，如果民宿有20间客房，那么可以拿一部分在OTA平台上销售，一部分选择在线下销售。全部在线下销售也不妥，会影响到客栈民宿与OTA平台的合作及在线上的排名。

（3）加强网络营销推广，扩大直销平台客人来源。

（4）把OTA平台上的客人转化为线下客人。

五、维修成本控制

（一）成本范围

维修更换成本在客栈民宿中也是一笔不小支出，并且也是一种必要支出。设施受损或者设施陈旧会影响客栈民宿的正常运营。提高设施设备使用寿命，减少专业维修费用，可以使成本得到有效控制。

（二）常见问题

（1）设施出现状况，民宿不能自行修理解决。雇请专业人员修理，则会支出一笔较高的修理费。

（2）没有形成保养设备设施的习惯，加大了设施设备出现故障概率，缩短了其使用寿命。

（三）解决措施

（1）加强对设施设备的巡检，出现状况及时报修，并做好维修记录及档案管理。

（2）加强对工作人员的技能培训，使其能够胜任一些简单的维修，如能够处理房间断电、卫生间马桶堵塞、断网、空调制冷制热慢等问题。

（3）完善设施设备保养制度，定期派专人（或请外面专业人士）进行设施设备保养，防止设施设备出现大的故障。如定期清理空调内机过滤网、配电室等的维护，以免影响对客服务，增加更大的维修成本。

思政园地

劳动者风采：民宿管家一天竟要做那么多事？却让她的梦想照进现实

清冽的泉水从山间的石缝中顺流而下，在山麓汇聚成一条小溪，把整个位于浙江湖州的安吉秀樾里酒店一分为二：一边是酒店主楼大堂，一边是8幢吊脚楼和2幢独栋别墅，全部供客人住宿。小溪向远处延伸，那里有一片酒店自营的果园农场。这处现实版的"诗和远方"是民宿管家施欢欢追逐梦的地方（见图6-3）。

图6-3　安吉秀樾里酒店

作为大管家，带领酒店20名职工为客人提供最优质的服务是施欢欢的责任。"从规模、服务、运营模式等方面来看，秀樾里是一种介于酒店和民宿之间的'乡村酒店'。"因此，施欢欢觉得民宿管家服务既要有酒店的标准化模式，也要有民宿的贴心意识。

待客人用完餐出发去果园，时间已经接近10点。简短的早会上，施欢欢核对酒店预订情况，查看进货单，了解各类食材当前价格。整个过程要控制在5—10分钟，毕竟一个小时后，她又要去中餐厅监督午餐的准备和摆盘工作。

曾经在酒店餐厅做管理岗的经验让施欢欢对这一套流程十分熟悉，并深知餐厅管理上容易出现的疏漏。就拿她每月一次的菜市场之行来说，定期了解肉类、蔬菜、水果等食材的价格，能避免食材供应商报价过高。

不过，经营有品质的"乡村酒店"餐厅，光靠经验也是不够的，创新才能吸引更多的客人光顾。施欢欢深谙此理，从上任大管家的第一天，她就给厨师们立了一个"新规"——每个月推出3道创新菜，并讲出菜品背后的创作故事。这个决定是施欢欢在餐饮管理方面创新亮点之一。一位当地厨师一改从前"乏味的"红烧鱼做法，改用高汤加水库鱼，最后形成家烧黄汤鱼，这道菜是厨师根据儿时的回忆"复原"出的，有乡愁的味道，如今已成为餐厅的主打菜。

下午2点一过，客人们陆续离开住处，或是去果园农场，或是留在酒店玩游戏，或是到周边自然景观转转。这时候，施欢欢会利用这段时间了解客人入住和退房情况，整理归纳一天的工作。

与专职管家等普通职工不同，大管家施欢欢不仅要面向客人，也要做好自家职工的管理。"人的管理是最难的"，她觉得，和传统酒店的标准化管理和职权分明相比，"乡村酒店"和民宿要多一丝人情味，并且倡导人人都是民宿管家，"任何人在任何时候都要保持服务客人的姿态，保洁阿姨、保安大爷也有带领客人游玩的责任。"

秀樾里酒店的职工参与酒店分红的制度成为职工们团结敬业的最佳动力，毕竟每一份付出都是为自己打工。这种团结精神在酒店淡季时更显得弥足珍贵。

"客人大幅减少，我们达成共识做一休一，虽然工资少了，但没有人'退群'，大家坚持共克时艰。"她说。

客人们大多在下午四五点钟回到酒店，在8点前用好晚餐。等到客人陆续回房间，施欢欢也迎来了下班的时刻。在过去的3年里，下班对她来说并不意味着休息，而是要继续学习工商管理函授课程，近期她更是到了论文答辩的关键时刻。"我终于快要毕业啦！"施欢欢的学业要告一段落了，但"诗和远方"的逐梦之旅却刚刚启程。也许在未来的某一天，她能活出最精彩的自己。

（资料来源：https://travel.sohu.com/a/540127524_121117466，本地生活大秘密）

项目小结

1. 介绍民宿服务质量管理的方法。
2. 介绍民宿清洁保养质量的方法。
3. 介绍民宿安全管理的要点。
4. 介绍民宿成本管理的类别及方法。

项目训练

一、知识训练

1. 民宿质量管理体系包含哪些内容？
2. 民宿清洁保养管理质量标准包括哪些方面？
3. 民宿安全管理包括哪些方面？
4. 民宿发生火灾时的处理流程是什么？

二、能力训练

1. 准备好已清扫完毕的客房1间和1处公区，由学生实地进行查房或者查公区训练，掌握民宿清洁保养管理流程及规范。

2. 以一家拥有20间房的民宿为例，制定该民宿人工成本控制的举措并实施。

项目七
民宿营销与推广

 项目描述

市场营销是以能够获得盈利为目标,负责识别、预见并满足消费者需要的管理过程。民宿作为旅游接待业中的重要组成部分,其本质也是营利性组织,因此,营销工作是影响民宿能否盈利的关键性工作。民宿作为非标准化住宿业态,大多依赖自然风光,地处交通相对滞后的区域,再加上体量较小,无法形成规模效应,因此,推广更是营销工作中的首要环节。本项目将从民宿产品定价、民宿品牌建设、自媒体平台推广、线上平台推广、KOL营销等几方面展开探讨。通过对上述任务的探讨,旨在使学生掌握民宿民宿营销与推广的基本知识和规律。

 **项目目标**

知识目标

1. 理解影响民宿定价的因素,掌握不同导向的定价方法。
2. 理解民宿品牌的构成,掌握民宿品牌构建的策略,了解民宿品牌传播的流程。
3. 了解自媒体平台的类型,掌握自媒体推广的操作路径。
4. 理解线上推广的模式,了解具有代表性的线上平台,掌握提升OTA订单量的策略。
5. 理解KOL营销的内涵、类型及模式,掌握KOL营销策略。

能力目标

1. 能为某一民宿进行定价。
2. 能为某一民宿量身打造其品牌系统。
3. 能为某一民宿选取合适的自媒体平台,并制定有效的操作路径。
4. 能为某一民宿选取合适的线上推广平台,并制定有效的提升OTA订单量的策略。
5. 能为某一民宿制定有效的KOL营销策略。

 民宿概论

素质目标

1. 引导学生增强分析、判断的意识。
2. 引导学生掌握因地制宜的方法论。

 知识导图

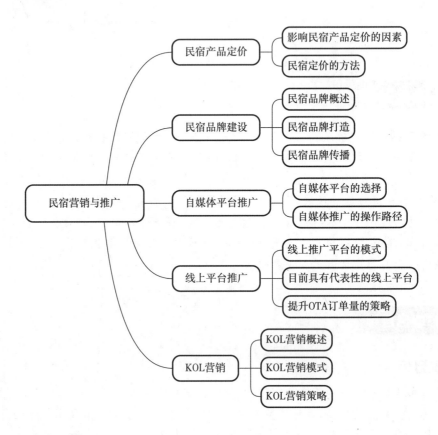

 学习重点

1. 民宿定价的方法。
2. 民宿品牌构建的策略。
3. 自媒体推广的操作路径。
4. 提升OTA订单量的策略。
5. KOL营销策略。

项目导入

那些互联网大佬打卡的网红民宿——三生一宅

清嘉庆年间,浙江桐庐深澳村的申屠家族出了一位太傅,名讳申屠园林,是嘉庆皇帝的老师。他回乡后盖的宅邸便是太师府邸,取名为"荆善堂"。200多年后的21世纪,荆善堂已经无人居住,1000多平方米的老宅也荒芜了。

2015年,有着18年设计师经验的高明来深澳村旅游,发现了这个老宅。也正是那个时候,民宿配合自媒体的兴起在全国范围内掀起了一波热浪。一心想改造出一个特色酒店的高明这才恍然大悟,原来我要做的是民宿啊!没有市场调研,也没有花费大量时间去选址,也没有太多的曲折,"三生一宅"的诞生显得那样水到渠成。

2017年,《亲爱的客栈》《青春旅社》等众多文艺节目开始将目光投向民宿。而名人造访民宿也让更多媒体开始报道民宿,低调的"三生一宅"也因为马云而成为民宿圈的焦点。马云的第一次到访让高明感受到了"互联网+"的魅力,擅长学习和研究的高明在后来的互联网营销道路上不断寻找新方法。

在"三生一宅"开业的第一年,半年时间内,高明找到运营团队开始运营。在后半年时间内,因为名人的到访,他开始琢磨民宿的营销之法。OTA、业内大会以及各种学习班,在经过了长达半年的营销摸索之后,"三生一宅"探索出更多的"互联网+"营销模式。

抖音,一条就有50多万的播放量、20多万的点赞量,微信公众号的"试睡"活动,但凡能让"三生一宅"为更多人所知,民宿运营者高明都会努力地去尝试。

从当初的无心插柳,到后来的精耕细作,市场上的反应也让高明惊喜。原计划5年回本,只用了3年左右的时间。而越来越有干劲的"三生一宅"团队,又在千岛湖、北京等地选址,打造"互联网+设计师"风格的民宿。

思考:

1. 案例中的民宿为何能得到互联网大佬的青睐?请谈谈你的观点。
2. 营销手段对"三生一宅"这家民宿产生了哪些影响?
3. 案例中的民宿选用了哪些推广渠道?为何选用这些渠道?
4. 案例中,除了营销推广渠道,还有哪些因素使得"三生一宅"这家民宿被互联网大佬所选择?
5. 请判断该民宿的客房价格在什么水平较为合理?

任务一 民宿产品定价

价格,是商品价值的货币表现,是商品的交换价值,通常是影响交易成败的重要因素。通过某一价格水平,企业希望能达到其目标收益,而消费者则希望以一定量的货币支付获得该产品的最大效用。价格的变动对买卖双方都会产生作用,一方面会影响消费者的需求和购买行为,另一方面对产品的销量及利润也会产生直接的影响。此外,价格还是市场营销组合中最灵活的因素,它可以对市场做出灵敏的反应,及时调节供求关系。

定价是市场营销学里面重要的组成部分,主要研究商品与服务的价格制定和变更的策略,以获取较好的营销效果和收益的最佳。企业定价的目标是促进销售,获取利润。这要求企业既要考虑成本的补偿,又要考虑消费者对价格的接受能力,从而使定价策略具有买卖双方双向决策的特征。市场营销定价是一门艺术、一种技巧,企业应选择恰当的定价策略与定价方法,着重研究产品进入市场、占领市场、开拓市场的具体应变价格。

一、影响民宿产品定价的因素

价格是商品价值的货币表现。从市场角度来看,价格是可以随时随地根据需要而变动的。价格是市场营销组合中最活跃的因素,也是不好控制的因素。

民宿的定价需要民宿经营者根据产品成本、市场供求关系、历史经营数据、目标客户属性、自身民宿特性与目标等一系列因素,制定出适合自己且可以实现收益最大化的价格策略;简单说,就是要"将民宿以最合适的价格卖出去"。

(一)产品成本

成本是产品定价的基础,是民宿定价的下限。定价大于成本,民宿就能获得利润;反之,民宿则亏本。产品定价必须考虑补偿成本,这是保证民宿生存和发展的基本条件。总成本由固定成本和流动成本组成。固定成本是指不随产量变化而变化的成本;流动成本是指随产量变化而变化的成本。

民宿成本一般包括四个部分:房租、装修费用、人工费、运营成本。

1. 房租

房租包括房屋租赁押金和房租。如物业为自有物业,也应按照一定的比例计入。因为房屋拥有自己本身的价值,运营成本里面计入房租这一项更为合理。不管所经营的物业是否为自有,都应该在经营的过程中进行一个合理的计算。房租一般分为押金和租金,在运营的初期或者是筹备期时,较容易忽略房屋押金这一项,从而导致成本核算的错漏。

2. 装修费用

装修费用包括硬装费用和软装费用。民宿不同于传统酒店，民宿的个性和特色首先从装修装饰中体现。一方面，"颜值"是大多数客人评价民宿的第一要素，在客人的比较和选择中往往起决定性作用；另一方面，装修费用往往影响着后续的运营费用，如硬装的使用年限不同导致的后期维修费也不一样。

3. 人工费

关于人工费，客房定价越低，人工费占比也就越高。

4. 运营成本

运营成本包括支付OTA等平台的佣金、水电暖能耗、布草洗涤费、客用品等。一般来说，运营成本随着出租率的变化而变化。

（二）市场状况

民宿行业和其他行业是一样的运行逻辑，即"价格是由市场决定的"。这并不意味着只要把价格设定在市场平均水平上，就一定能够卖得出去；即便卖出去，也可能无法实现正收益。民宿还要根据对市场供求关系以及客户心理的了解做出科学决策，从而实现"将民宿以最合适的价格卖出去"。

1. 市场供求状况

供求影响价格，价格调节供求，这是价格的运动形式，是商品价值规律、供求规律的必然要求。价格与市场供应成正比，与需求成反比。

民宿定价，需要充分考虑到市场需求。如果民宿所提供的是一种标准化产品，那么可以适当地提高价格；而如果提供给客人的是个性化服务，那么就可以适当降低价格。

市场需求决定了民宿定价，同时也决定了民宿的发展方向。如果民宿定价过高，客人不愿意来；而如果定价过低，又会导致民宿的成本上升而亏损。

所以，民宿在定价前，一定要先了解市场需求。民宿可以借助预订平台大数据及智能分析功能来获取目标客源的数据及目标客源的偏好信息。此外，平台还能够精准分析目标客源的需求，对潜在客户进行细分、挖掘、识别。同时，还可以对价格区间进行调整，采取优化价格策略等。

2. 目标客源

针对不同的目标客户，定价策略也应有所不同。如果是平价民宿，客人会更偏向于性价比，也就是对价格相对敏感。如果民宿是面向中高端的客人，他们通常不会追求极致性价比，而是对品质的要求更高。所以，民宿要根据客户的不同需求来定价，例如，根据目标客源评价、入住感受等因素来适当提升价格等。

如果民宿在旅游旺季供不应求，在淡季时的空置率比较高，就可以在不同的时间段灵活调整价格。在节假日或周末时，可以适当提高价格；而在淡季时，要推出特价房、长租优惠等，以求可以多回本甚至盈利。

如果不确定目标客户的画像，可以参考相似的房源。可以通过目标客源对竞争对手价格的评价来分析竞争对手的定价策略,以此作为自己定价策略的参考。

3. 市场竞争状况

竞争越激烈,对价格的影响就越大。民宿定价在一定程度上受竞争者的制约,而缺乏自主权。

民宿作为非标准化住宿业态,差异化是吸引客源的法宝。但往往同一个地区的民宿,依赖相同的地域资源或有类似的文化背景,存在较为明显的竞争关系。因此,市场竞争状况是影响民宿定价的重要因素之一。

(三)企业定价目标

1. 以获取利润为定价目标

(1)以获取最大利润为目标,是指企业在一定时期内可能获得的最高盈利总额,追求利润最大化的定价目标。企业会在一定时期内通过合理价格推动销售规模的扩大,以获得尽量多的利润。以获取最大利润为定价目标,既可能表现为短期内的高价形式,也可能着眼于追求长期利润的最大化的价格形式,这是很多企业采用的定价目标。

(2)以获得一定的收益率为定价目标,是指使企业在一定时期内能够收回投资并能够获得预期的投资报酬,它不追求一时高价,而是获取一定时期的稳定收入。

(3)以获取合理利润为定价目标,这种定价目标是指企业为避免不必要的价格竞争,以适中、稳定的价格获得平均利润。

2. 以提高市场占有率为定价目标

一是定价由低到高。就是在保证质量和降低成本的基础上,企业入市产品的价格低于主要竞争者的价格,以低价争取消费者,提高知名度,挤占市场,待占领市场后通过增加某些功能或提高服务质量等措施逐步提高价格,旨在维持一定市场占有率的同时获取更多的利润。

二是定价由高到低。就是对一些竞争尚不激烈的产品,在入市时的价格高于竞争者的价格,待竞争激烈时,企业逐步调低价格、扩大知名度,提高市场占有率。

3. 以应对和防止竞争为定价目标

以应对和防止竞争为定价目标,即企业对竞争者的价格十分敏感,有意识地采取恰当的定价去应对竞争或避免竞争的冲击,它是企业定价的重要目标之一。这种定价主要是针对竞争对手确定的。实力较弱的企业,可采用与竞争者相同或略低的价格出售产品;实力较强的企业,同时又想获得较大的市场占有率,可适当以低于竞争者的价格出售商品。

4. 以树立和维护企业形象为定价目标

企业应考虑价格水平是否与目标消费者的期望一致,注意价格要与质量互相匹配,使人感到货真价实。例如,要么以物美价廉著称,要么以稳定价格见长,要么以质优价高取胜。

二、民宿定价的方法

（一）成本导向定价法

成本导向定价法是一种主要以成本为依据的定价方法，包括成本加成定价法、目标收益定价法等几种具体的定价方法。优点是计算简便，价格能保证补偿全部成本。缺点是定价所依据的成本是个别成本，而不是社会成本或行业成本。

(1)成本加成定价法是指按照单位成本加上一定百分比的加成来制定产品销售价格。加成就是一定比率的利润。其计算公式为：

单位产品价格＝单位产品总成本×(1+成本加成率)

(2)目标收益定价法又称投资收益定价法，是指根据企业的总成本或投资总额、预期出租率和目标收益额来确定价格的一种定价方法。其基本公式为：

单位产品价格＝(总成本＋目标利润)÷(房间数量×客房出租率×365天)

（二）需求导向定价法

需求导向定价法是指依据客人对民宿产品价值的理解和需求来制定价格的方法。具体方法包括认知价值定价法、需求差异定价法等。

1. 认知价值定价法

所谓认知价值，也称感受价值、理解价值，是指民宿以客人对其产品价值的感受和理解来确定价格。

2. 需求差异定价法

需求差异定价法是指企业根据客人对同种产品的不同需求强度制定不同的价格。需求差异定价法的方式包括：以时间为基础的差别定价；以产品为基础的差别定价；以空间为基础的差别定价。

1) 以时间为基础的差别定价

以时间为基础的差别定价是指可根据民宿经营时间的不同分为旺季价格、淡季价格、工作日价格、周末价格等。民宿的淡旺季和旅游的高低峰趋势是息息相关的，一般城市旺季是每年的5—10月，淡季则是每年的11月至次年4月。虽然可能会有一些突发因素(如开学季、某个景点突然爆火等)造成一些波动，但整体形势不会有大的变化。在旺季，民宿房源的价格相较于淡季普遍会上涨20%—50%，订单量可能还会源源不断，但从旺季到淡季，订单量会大幅下跌，价格也普遍较低。民宿营业一年却只有半年赚钱的情况也可能发生，这时候就需要民宿用优质的服务和有吸引力的价格来争抢有限客源。

2) 以产品为基础的差别定价

以产品为基础的差别定价，是指根据客人不同的需求特征，将客房价格进行弹性定价。例如，可以将客房分为山景标准房、日出景观大床房、全景豪华家庭房等。

3) 以空间为基础的差别定价

以空间为基础的差别定价，是指依照民宿所在地位置，采取地区差异性的定价。

如根据当地人均收入、民宿距离景点的距离及其交通便利的情况进行定价。

（三）竞争导向定价法

竞争导向定价法是民宿以应对或防止竞争为定价目标，以市场上竞争者的价格作为制定企业同类产品价格主要依据的方法。具体方法有随行就市定价法、竞争价格定价法等。

1. 随行就市定价法

随行就市定价法，是指民宿将某产品价格保持在市场同类产品平均价格水平上，以获得平均报酬的定价法。

2. 竞争价格定价法

竞争价格定价法，即根据民宿产品的实际情况及与竞争者产品的差异状况来确定价格的方法。

（四）心理导向定价法

1. 尾数定价策略

尾数定价策略，是指民宿为刺激和迎合客人的求廉心理，给民宿产品定一个零头数结尾的非整数价格的定价策略。一般中低档民宿产品常采用此种定价策略。如定价99.8元会使消费者产生还不到100元的感觉，如果价格从99.8元调整为100元，尽管变化只有0.2元，但让人感觉提高了很多。

2. 整数定价策略

整数定价策略，是指民宿为满足客人显示自己地位、声望、富有等心理需要而采取整数价格的定价策略。一般高档民宿产品常采取此定价策略。如房价为2000元一天的豪华套房不宜改为1995元。

3. 分级定价策略

分级定价策略，是指把某一类民宿产品按不同品牌、不同规格、不同型号划分为若干档次，对每一档次的民宿产品制定一个价格的定价策略。

知识活页

饭店客房收益管理中的动态定价法

任务二　民宿品牌建设

一、民宿品牌概述

（一）品牌的内涵

品牌（brand 或 trademark）一词源自古挪威语，原指打在牛马等牲畜身上的烙印，以标识和区分其归属于不同的饲养者。在市场经济的环境中，品牌逐渐成为经济竞争的核心法宝。学者们对品牌内涵的探讨大致分为四个方面。

1. **品牌是一种用以区分不同产品、劳务、企业的标识**

典型代表学者是美国营销学者菲利普·科特勒。科特勒认为,品牌是用以识别一个或一类产品和劳务的名称、术语、象征、记号或图案设计,或者是它们的不同组合,以此同其他竞争者的产品和劳务相区别。在同质化产品竞争中,品牌是企业用以区分与竞争者不同的一种符号工具,是为企业服务和创造价值的。从企业角度来看,品牌是企业重要的无形资产之一,品牌价值超越了企业实体与产品之外的价值,品牌的知名度、美誉度、认同度、忠诚度等能给企业带来直接和间接的经济收益。从消费者角度来看,品牌不仅能减少消费者选择产品前的消费决策成本,而且还能为消费者提供情感、文化消费价值。

2. **品牌是一种消费者感知的企业的个性、印象和联想**

大卫·奥格威以广告人的独特视角提出了对品牌理解的独特观点。奥格威认为,品牌是消费者如何感受一个产品,品牌代表消费者在其生活中对产品与服务的感受而滋生的信任、关联与意义的总和,即"品牌个性形象论"。这一观点强调了消费者对品牌的感知,是消费者对企业文化、经营理念、产品品质、服务特色等方面的认知、评价等多方面的综合。

3. **品牌是一种企业维护宾客关系的媒介**

20世纪90年代,关系营销这一概念被运用到品牌理论的研究中,即"品牌关系理论"。美国西北大学教授唐·舒尔茨认为,品牌是用来界定买者和卖者之间关系的。厂商和消费者之间的关系是决定企业能否生存、发展的重要前提,而要想和消费者建立关系,厂商和消费者就必须经由各种双向传播的方式让彼此熟悉。为了建立长久有效的客户关系,舒尔茨提出了整合营销传播,综合各种有效的手段实现品牌经营者与消费者良好的沟通关系。

4. **品牌生态环境**

"品牌生态环境"这一概念由Winkler(1999)提出。Winkler认为,在某个特定的品牌生态环境中,相关的参与者和品牌越来越多,创建品牌关系时不仅仅考虑消费者和竞争因素。"品牌生态环境"这一概念是"品牌关系"概念的延伸,它将品牌关系的创建置于一个复杂的生态环境中,考虑各种因素对品牌关系创建的影响。

(二)品牌系统的构成

品牌是一个由多因素构成的复杂系统,它主要包括两个子系统:有形品牌元素系统和无形品牌元素系统。有形品牌元素系统和无形品牌元素系统是相辅相成的,全面地展现品牌多层面因素构成。

1. **有形品牌元素系统**

有形品牌元素系统是体现民宿品牌表面化、可视化元素的系统,包括品牌符号系统(品牌名称、品牌标识)和品牌载体元素。

1)品牌名称

品牌名称指的是可以用语言发音来表达的部分。好的品牌名称有助于目标市场识别产品,促进消费者对其优先选择和购买。同时,品牌名称也承担着传播企业产品和形象的职能。民宿名称必须符合以下几个标准：一是必须反映民宿的理念与民宿主的思想；二是易于识别、记忆，避免晦涩难懂；三是要简洁明了，让人容易产生联想；四是在进行名称展示时，或在其他的名称应用中，应当与商标、品牌相一致；五是不仅要贴合消费人群，还要有自身调性。

2）品牌标识

品牌标识是指品牌中可以识别但不能用语言发音表达的部分，诸如符号、图案或专门设计的颜色和字体。品牌标识更容易被消费者所识别，激发消费者的美好联想，形成对企业的良好印象。同时，品牌标识也是企业进行广告宣传的重要工具和载体。

品牌标识可以分为三种：图形标识、文字标识、文字与图形的组合标识。文字标识是直接运用一些文字符号为标志的组成元素，所采用的字体符号既可以是品牌名称，也可以是品牌名称的缩写或代号。这种方法的优点是识别力强，便于口碑传播，含义容易被消费者理解。图形标识是采用象征寓意的手法，将图形或图案进行高度艺术化的概括提炼，形成具有象征性的形象。图形标识因为其高质量的视觉效果而受到普遍运用。而文字与图形的组合标识则是运用文字符号和图形或图案共同构成品牌标识。

3）品牌载体元素

品牌符号系统只是品牌的外表，它必须与利益承载物紧密结合才有生命力。消费者只有在体验企业产品与服务的过程中，才能将品牌符号系统所渲染的品牌内涵具体化、延伸化。因此，品牌必须要有一定的载体系统，主要包括产品与服务、员工。产品与服务是企业品牌的核心载体。顾客在消费产品与服务的过程中，可以获得财务利益、情感利益和社会利益多方面的满足，并对品牌进行综合评价与感知。因此，优质的产品与服务是提升消费者对酒店品牌评价的重要途径。员工也是消费者切身感受企业品牌的重要载体。特别是服务业，产品生产与消费的同步性决定了员工必须在与顾客接触的过程中向顾客提供服务。与顾客进行一线接触的员工都是企业产品与服务的直接提供者，他们在与顾客接触的过程中向顾客展示了企业形象、企业文化、服务理念、员工精神风貌等。因此，重视员工素质的培养是提升服务业企业品牌的重要途径之一。

2. 无形品牌元素系统

无形品牌元素体现了民宿深层次内涵的元素，主要包括品牌文化、品牌个性和品牌形象。

1）品牌文化

文化是包括语言、审美情趣、价值观念、消费习俗、道德规范、生活方式和具有历史继承性的人类行为模式的综合体。文化与民宿品牌紧密联系：文化是民宿品牌的生命与灵魂，它支撑民宿品牌的丰富内涵；民宿品牌是物质和精神、实体和文化高度融合的产物，是企业文化的载体，它向外界展示其所代表的独特文化魅力。比如，"千里走单骑"强调的是一种亲近自然、释放身心的超然生活；"花间堂"有极具美感的空间氛围和艺术场景；"松赞"系列展示的是一种禅意文化，体现了人与禅境的"天人合一"；"山里寒舍""山楂小院"追求的是尊重原生态场景空间的一种回味体验。

2) 品牌个性

品牌个性(brand personality)是指对民宿品牌所体现出来的独特价值赋予人格化的性格特征,是民宿将这种独特价值在向顾客传递的过程中所采用的独特表现方式与风格所进行的人格化的描述。民宿品牌个性具有人格化的独特性、稳定性和发展性等特征。民宿品牌个性的塑造是指在科学市场调研的基础上准确提炼目标市场的特征,将品牌的价值与顾客的利益诉求紧密结合,持续不断地向目标市场强化这种概念的传播,以获得目标市场的认同。

3) 品牌形象

品牌形象直接关系到市场的认同度,是在竞争中的一种产品或服务差异化的含义及联想的集合。品牌形象是消费者和公众的综合评价,包括品牌印象、联想、认知等多方面内容的总和。

二、民宿品牌打造

(一) 精准的品牌定位

品牌定位是确立某个民宿在客人心中的形象和地位的过程,是旅游者需求特征和民宿特色的结合。品牌定位必须符合民宿所在地文脉和社会时尚,并在此基础上不断创新。建立民宿品牌,首先应确立持久的、恰当的、易于表达的和能够吸引潜在顾客的品牌核心价值。民宿在综合分析宏观和微观发展环境的基础上,进行充分的市场调研,选择特定的目标细分市场,分析客源市场规模和特征,明确品牌定位,进而设计品牌形象。因此,品牌定位是企业在市场定位和产品定位的基础上,对特定的品牌在文化取向及个性差异上进行的商业性决策,它是建立一个与目标市场有关的品牌形象的过程和结果。

品牌定位的目的就是将产品转化为品牌,以利于潜在顾客形成正确的认知。以裸心谷为例,"裸心"是一个度假村品牌,它注重于和周围的自然环境融为一体,使人能无拘无束地接近大自然。裸心谷的核心品牌理念是自然、可持续和卓越的客户服务。"自然"可以体现在裸心谷的设计美学上,它融合了多种元素,并且将其他地区的亲切待客之道与自然的亲密关系带到本地。"可持续"体现在裸心集团支持当地的经济,充分利用资源,购买当地种植的食材和当地生产的建材。品牌与产品互相呼应、自成体系,才能给顾客清晰的品牌形象与认知。

任何一个品牌都不可能为全体顾客服务,细分市场并正确定位是品牌赢得竞争的必然选择。只有品牌定位明确、个性鲜明,才会有明确的目标消费层。民宿品牌的搭建过程,其实就是梳理产品定位和人群定位的过程,旨在通过品牌定位确定所针对的消费市场。

(二) 强化品牌形象识别

人们对品牌的信息大部分是从视觉中获得的,因此,建立良好的品牌视觉形象是十分必要的。品牌的视觉形象必须是统一的、稳定的,这是品牌吸引消费者的重要因素之一。消费者一般心理过程的特征以及品牌视觉形象的重要性,决定了品牌设计中应结合消费者的心理,力图使品牌具有统一的、稳定的视觉形象,以及简洁易记的记忆特点和良好的情绪联想。民宿的商标、店徽、建筑装饰风格以及店名字体形式等都是民宿的形象标识。它如同人的外观特征,消费者可以通过它所包含的信息来识别民宿的特征。因此,强化品牌形象识别既可以突出民宿在外界环境中的形象,又可以对外树立民宿个性化的市场定位和良好的公众形象,扩大民宿在市场上的影响和知名度。同时,也可以将民宿高标准的管理和优质的服务信息传递给消费者,使消费者更好地感知民宿的经营风格和服务水平。

1. 可延展的名字

民宿的名字不是一个简单的商品标签,仅仅用于区别,从品牌方面考虑,这是一种战略。民宿名称装载着民宿的特点,传递着民宿主的品位、情怀和追求。

民宿的名字应该是可用、可发展的:可用是基本要求,可发展是延展作用。首先,这个名字在法律的范畴内是可以使用的,并且及时完成注册,避免品牌已经成功建立了,才发现这个名字早就被别人注册过。其次,在保证这个名字是合法可用的基础上,需要考虑民宿的远期规划,为其以后的发展留一个接口,保证其延展性。例如"松赞"这个名字,从原来的第一家松赞绿谷山居,到在云南迪庆藏族自治州全面布点,松赞精品山居系列都以"松赞"开头。"松赞"林卡系列则属于文化度假酒店,目前已运营的有松赞丽江林卡、松赞香格里拉林卡、松赞拉萨曲吉林卡等,这些民宿的命名没有脱离"松赞"这两个字。

2. 精致的标志

品牌标志是一个传达民宿主品位、呈现民宿调性的载体。民宿要设计一个精致且富有美感的标志,在其所出现的地方都能展示整个民宿的特点。

3. 能引起客人共鸣的宣传语

对民宿而言,宣传语就是用简洁的话语安放客人的文艺情怀。它更像一句亲切的问候,向即将入住的朋友打一声招呼,和远方想要来的朋友做一个约定,这需要建立在客人情感认同和引起客人共鸣的基础上。

(三)挖掘品牌的文化内涵

民宿是有思想、有文化、有灵魂、有人情味的住宿形态。文化是一个客栈民宿的内在表现形态。虽然硬件设施设备容易被复制仿照,但文化难以被模仿。民宿不仅要塑造外在形态,更要打造其文化,文化是客栈民宿的核心竞争力。民宿文化类型可以是主题文化、地域文化、乡土文化、传统文化、家文化等。

1. 主题文化

民宿可以引入个性化主题文化元素,如禅文化、茶文化、摄影文化、水墨文化。通过文化烙印,可以将目标群体进行细分,吸引不同群体的入住。如民宿老板精通摄影,在民宿的文化表达形态上,可以借助摄影来进行传递。可以在大厅、走廊、房间悬挂和摆放一些摄影作品,可以在公共空间的书架上放置一些摄影画册及摄影主题图书,也可以组织举办一些摄影主题分享会,通过分享交流,加深民宿的文化印记。

2. 地域文化

民宿是客人体验当地文化的一个入口。客栈民宿的文化要融入当地文化中,把民宿当作当地文化一个小型缩影。可以通过住宿形态来阐释当地文化,用建筑、服饰、餐饮、器具等表达情感。如丽江民宿可结合纳西族的建筑特色,采用土木结构的"三坊一照壁,四合五天井",以及走马转角楼式的乌瓦楼房,在布局结构、雕塑、绘画风格上,体现当地建筑特色。

在饮食文化上,从用料、制作手法、器皿到菜名,符合当地特色。在传播文化时,要有引导性。客人看到建筑、雕塑等当地文化形态,有时候只知外表,对内在的东西知之甚少。这时候,工作人员需要引导客人去了解。

在大厅公共空间放置一些介绍当地文化的图书、影视资料、画册等,让客人通过这些资料来认识与了解当地文化。

民宿主和其他工作人员可以充当导游,系统地介绍当地的文化特色。可以介绍某一道菜,从原料、制作手法到菜名的由来;也可以向客人介绍当地节庆、婚丧嫁娶等民俗风情。

可以组织客人去参加当地的一些民俗活动,参观当地居民的生活。如在大理,可以观看白族扎染的制作过程,通过讲解和带领游客参与相关活动,加深客人对当地文化的认知。

3. 乡土文化

逆城市化的进程中,城市的人渴望回到乡下,体验原生态的乡下生活。民宿在某种意义上是人们精神的回归,因为每个人内心深处都有一份挥之不去的乡土情怀。一个村子就是一个乡土文化博物馆,一处可以体验的生活场景。

民宿要体现乡土文化,在建筑上要保留原有古老建筑风貌,构建乡土文化的多重场景。如在庭院里摆放一些农具,可以是渔船、犁具、碾盘等,也可以通过建筑及周边地理形态来传达乡土文化。例如,推门就是青山翠竹,门前溪水潺潺,鸟语花香,顾客可以去田里采摘,可以去荷塘垂钓,在民宿中体验原汁原味的乡土文化。

4. 传统文化

一些民宿本来就是由一些老宅或具有历史意义的宅子修缮而成,这类民宿本身就具有很强的文化厚重感。可通过外在形体表达文化内涵,如院中的古井古树、房间内的古色古香的家具。对于这种民宿,已经不需要专门去打造文化,只需要讲解传播,让客人认识与了解。为了把文化塑造成一个鲜明的标签,这类民宿可以制作一些宣传册来加深顾客的印象。

5. 家文化

打造家文化,即把民宿当作旅行者远方的家。可以通过一些小细节去营造家的氛围。如根据天气预报,提醒客人穿合适的衣服;客人来了后,亲自去接,一起做饭。要让客人在民宿感受到家的温暖,无拘无束,自由自在,能够在这里放松、休闲、娱乐。

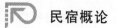 民宿概论

(四) 打造特色鲜明的IP

IP(intellectual property,知识产权)是互联网时代个人化或个体化的"新物种",是由系统方法论构建的有生命周期的内容符号。它可以是具体的人,可以是文学作品,可以是某一个具象的品牌,也可以是我们难以描绘的某一个差异化的、非物质遗产的继承人。它是故事体系和话语体系的稀缺价值,也代表了商业价值的稀缺性和可交换性。

所以,民宿IP是根据民宿产品特殊的生命周期而打造的一个独特内容符号,可以持续地进行人格化演绎并具有强效率的流量变现能力。

民宿IP是一个人格化的内容表达体系,有着深层次创造流量、形成新连接机会的内容体系。民宿可以基于人的尺度,打造其自身的独特IP,并基于此去寻找民宿品牌、营销与产品一体化的机会所在。例如,很多民宿推出了明星房东计划,通过主页故事展示、微信公众号推送、媒体开放平台曝光、网站首页推荐等多样化的营销方式,放大房东和房源的价值,提升住宿分享的社交体验。

民宿IP可以分为两类:显性IP和隐性IP。显性IP是指具有高关注度、高话题性、强娱乐、弱文化的IP,如热门网文、动漫、游戏等。隐性IP即大量的高文化含量、低娱乐属性的经典IP,如文学名著、文化遗产、古典音乐等。

民宿IP既可以自己打造,也可以借助现有IP。不少民宿IP常借鉴影视剧撰写关键人物的方法,将民宿主打造成人设品牌,围绕民宿主的人生经历、兴趣爱好、关键性事件和标志性动作等展开,呈现较为完整的世界观、语言体系和行为依据。

松赞,根植在地文化的精髓

要说起成功与当地文化紧密结合的民宿,"松赞"一定是非常值得学习的范本之一。"松赞"的每一栋建筑都是其所处区域的在地文化的精髓。"在'松赞',每个区域的文化信息和元素都是需要不断梳理和处理的,很多东西不是拿来就能用的。"白玛多吉在接受采访中给出了这个提示。

文化信息不是可以直接拿来使用的,尤其在过去的几十年,国内大部分地区经历了传统文化的没落和再崛起,在崛起过程中又产生了很多"文化利用"的现象。所以,如今我们能看到的很多地方文化并非最纯正的,甚至有些是"文化利用"的产物。

"松赞"从建筑到装饰,再到最终呈现出来的在地旅行,都是经过耐心梳理出来的。他提示更多想进入民宿行业的人:"在梳理在地文化的时候必须将眼光放长远一些,将视野放开阔一些,多往前看看某个区域的历史,跳出某

个具体的村庄而去分析整个具有一定文化共性的群体或者区域。这是我们认为正确的产品设计方式。"

梳理文化资源,积极开发在地化,这也是品牌定位中不可缺少的环节。值得一提的是,这种将民宿与当地文化深度结合的行为,也是当地政府大力推行的。

(资料来源:刘荣《民宿养成指南》)

三、民宿品牌传播

民宿品牌传播是将民宿的品牌形象推广到旅游销售渠道和旅游者中,使旅游者接触、感知、认同民宿品牌价值并最终激发旅游行为的过程。它直接关系到民宿的品牌理念能否被旅游者识别和接受。

(一)品牌传播的流程

民宿品牌传播实际上是一个复杂的信息传递过程,即信息发送方(民宿)将品牌信息编码后经过一定的媒介传递给特定的信息接收方——消费者。消费者在接收到民宿发出的品牌信息后,会对信息进行解码,并做出反应。这一过程也会受到其他信息的干扰,即噪声干扰,如图7-1所示。

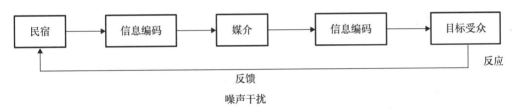

图7-1　民宿品牌传播的流程

(二)信息发送方——民宿

在品牌传播流程中,民宿扮演着信息发送方的角色,它在品牌传播中发挥着极为关键的作用,直接决定品牌传播的效率与效果。首先,民宿是品牌传播的启动者,它直接推动品牌传播流程的各个环节的运作。其次,品牌传播是为民宿的运营目标服务的,也就是民宿的运营目标决定品牌传播各个环节,如传播信息的选择、传播媒介的选择、传播渠道的选择、目标受众的选择等都是围绕民宿的运营目标而确定。同时,民宿作为信息发送方也肩负着许多重要的责任。例如,在传播过程中,民宿必须选择、整理需要传播哪些信息;民宿要具备对信息进行科学编码的能力,使用目标客源听得懂、有共鸣的语言,以便目标受众接收信息;民宿要科学地选择信息传播的渠道,以提高信息传播的效率。

(三)信息媒介

民宿要想将信息传递给目标受众,必须借助于一定的载体。这种信息发送方与接收方进行传播信息的载体就称为"信息媒介"。信息媒介可以分为人员媒介和非人员媒介。

1. 人员媒介

人员媒介指与目标受众进行直接的、面对面的沟通接触。它包括面对面的方式以及借助电子媒介，如电话、社交媒体等进行传播和沟通的方式。

2. 非人员媒介

非人员媒介指信息的传递不需要人员接触和信息反馈的媒介，包括一般的大众传媒，如广播、互联网等。非人员媒介又可分为印刷品媒介和电子传媒。印刷品媒介包括报纸、杂志、直接邮件、广告牌等。电子媒介包括电视、电脑、手机等。不同信息媒介的特点不同，民宿必须综合品牌传播的目标、各媒介的可利用程度、目标受众的行为特征和偏好等因素选择媒介组合，以提高品牌传播的效率和效果。

（四）信息接收方——目标消费者

广义上的信息接收方，是指所有通过各种方式看到、听到、感觉到发送方发出信息的人；而对于民宿来说，它所期望的是目标受众收到信息。因此，正确选择品牌传播的目标受众是提高品牌传播效率的关键。民宿品牌传播的目标受众包括实际消费者、潜在购买者、购买决策者或影响决策者。不同目标受众的特性不同，不同的受众会因为个体的差异而对同一信息产生不同的理解。因此，民宿要针对目标受众的特点选择不同的信息传播媒介、策略，以提高信息传播效率。

（五）信息

信息是指民宿在品牌传播过程中向目标受众传递的内容。它包括语言信息和非语言信息。

语言信息包括品牌名称、品牌标语等，非语言信息包括品牌标识、品牌功能、品牌个性、品牌形象等。信息的质量直接关系到消费者能否建立民宿所期望的品牌形象。因此，民宿应科学选择、整理传播的信息。在信息内容上，选择与消费者利益直接相关的酒店品牌信息；在信息结构上，根据人们接收信息的习惯，将重要信息放在传播信息的开头或者末尾；在信息形式上，综合运用文字、图片、视频等形式设计出最具吸引力的信息表达形式，以吸引目标受众的眼球，并方便他们正确理解信息所要传达的意思。总之，对于信息的设计要符合有利于提高目标受众接收信息效率的原则。

（六）编码与解码

编码指民宿将所要传递的信息用特定的象征性符号来替代，以便于信息更好地传递的过程。编码的目的是使信息的形式符合信息传播载体传递的要求，以提高信息传递的效率和准确性。解码是编码的逆过程，指将经过编码的信息还原为初始信息的过程。编码与解码是否成功，关键在于信息发送方和接收方的经验域是否相同。经验域是指在信息传播中信息发送方和接收方对信息能够共同理解、相互沟通、产生共识的经验范围。因此,民宿要想提高品牌传播的效果,必须清楚了解目标受众的文化习俗、社会阶层等背景,运用消费者习惯的话语体系、语言风格,将品牌信息以目标受众可以理解和接受的方式进行编码,并在目标受众对传播信息进行解码的过程中给予帮助。

（七）反应与反馈

反应是指目标受众在接收到民宿传递的信息后所做出的一系列的行为。这些行为有些是可以观察到的,有些是无法观察到的。民宿需要了解消费者的反应与民宿期望的反应之间的差距,这时候需要了解目标受众的反馈。反馈指目标受众的反应传递给发送方的信息。民宿要根据这些反馈来评估品牌传播的效果。事实上,目标受众一般不会主动向民宿传递反馈信息,因此民宿应采取主动措施来收集反馈信息。例如,管家主动询问客人意见;建立粉丝群进行高频互动;及时回复网络评价等。

对于民宿行业来说,口碑宣传是最好的宣传方法。只有形成良好的口碑宣传,才能实现民宿的品牌建立。民宿及时了解目标受众的感受与反馈,有利于民宿了解目标受众的需求、偏好、行为习惯,这些都会影响民宿服务质量,形成消费者主观感受。这也是民宿建立口碑,推动品牌传播的重要途径。

微课

民宿营销

任务三　自媒体平台推广

随着互联网的日益普及,传统媒体不再居于主流地位,自媒体的地位和作用逐步凸显。自媒体又称"公民媒体"或"个人媒体",是以现代化、电子化的手段,向不特定的大多数或者特定的个人传递规范性及非规范性信息的新媒体的总称。自媒体是代表"我"的媒介,代表自我发声,具有天然的亲切性;转、赞、评等互动模式使传播双方具有一定的话语权;随时随地、全时全地的传播特点,打破了时空的限制;社群网络圈层式的传播又使自媒体的传播速率呈裂变式增长。

众多民宿也借着自媒体的东风,一跃成为"网红",被大众所熟知,形成这种现象的原因与自媒体的特性有关。首先,自媒体的推广成本可控,不像互联网平台、传统媒体那样,推广成本巨大,反响效果也不确定;其次,自媒体具有私人订制性,每个民宿主都可以通过自己想要的方式来传达民宿的理念,不需要层层过审,承担的风险也相对较小。民宿做自媒体营销,无论是品牌形象传播还是活动传播,可以归纳为一种引流行为,是为了拓展新的渠道,最终转化更多的预订率,摆脱OTA渠道束缚。

在自媒体的时代,不论是民宿还是民宿主,都是一个独具个性的IP,而IP的特性就是容易传播,容易获得认同和某种人群的簇拥。

一、自媒体平台的选择

民宿进行自媒体推广之前,需要根据资金状况和人力情况,选准一两个自媒体平台，集中精力来运营好这一两个重点的自媒体平台。

目前，自媒体平台形成了以新浪微博、微信公众号、今日头条等为主的头部资讯平台，以抖音、快手等为主的头部短视频平台，以微信、QQ等为主的头部社交平台，以QQ音乐、网易云音乐等为主的头部音乐平台，以知乎、豆瓣等为主的头部知识社区平台。

诸多企业认为，自媒体营销就是引流和传播，扩大目标客源群体。那么，在所有的自媒体平台上都注册企业的账号，岂不是能够让更多的目标客源了解到自己的企业吗？事实并非如此。因为每一个企业的人力和自媒体运营成本都是有限的，尤其是对那些资金有限的民宿来说，一般无法将所有的自媒体平台都运营好。因此，在进行自媒体营销之前，要先选准自媒体平台，可以根据自身产品特色和目标客源的爱好来选择。选好平台之后，用心、专注地经营，才能让自媒体营销达到预期的效果。

（一）微信

一对一的互动交流方式是微信最典型的特点，也是它具有良好互动性的原因。这种方式能够在精准推送信息的同时和目标客源形成一种"朋友"关系。基于微信的这种优势，借助微信平台开展民宿自媒体推广也成为继微博之后的又一新兴营销渠道。

在微信营销中，不仅有公众号营销这种方式，还有朋友圈、扫一扫等微信功能，它们已经成为企业的重要营销方式。但是，毋庸置疑，微信公众号目前是企业进行营销见效快、效益高的营销方式之一。利用好微信公众号这个传播工具，能将企业的产品与服务更快地传播出去。

（二）微博

大多数人对微博并不陌生，微博热搜很多时候都能引起人们的注意。在自媒体营销中，微博作为一个重要的社交平台软件发挥了巨大的作用。越来越多的企业将微博营销列入企业营销的方式之中。微博上的内容有时候会像病毒一样迅速传播，对于品牌效应有极大的帮助，也能在民宿营销推广中起到重要的作用。

微博是利用规定字数的文字更新信息，并实现即时分享的平台。在微博这个平台上，民宿通过每天更新内容跟大家交流，或者发起大家所感兴趣的话题，同时发布宣传新闻、产品、文化等相关信息，慢慢地形成一个固定的互动交流圈子，从而达到营销推广的目的。

微博的特性更适合品牌传播。作为一个自媒体平台，微博的传播速度和广度都很惊人。可以把微博设想为一个人在台上讲，同时拥有几万听众的演讲，这样就可以充分发挥微博的推广效果。

（三）论坛

在互联网不断发展的今天，论坛早已经是很多人生活中不可或缺的一部分，"逛论坛"也已经成为很多人的习惯。天涯论坛等知名论坛一直有很高的人气，也是一些网络文化的发源地。论坛营销就是利用论坛这种媒体进行一系列的营销活动，即企业借助论坛这个网络平台，通过文字、图片、视频、音频等发布产品与服务信息，建立自己的知名度和权威度,从而让目标客户了解自己的产品与服务信息,最终达到宣传品牌、加深市场认知度的营销目的。

(四)搜索引擎

搜索引擎营销大致可以分为搜索引擎登录、搜索引擎优化(SEO)、关键词广告和竞价排名四种方式。这是如今较为普遍的一种营销方式,是全面有效地利用搜索引擎来进行网络营销和推广的营销方法。

搜索引擎营销作为自媒体营销的主要营销手段之一,拥有巨大的目标客源访问量。这种方式不仅使消费者在使用的时候能够快速有效地获取信息,帮助他们轻松了解所需信息,还能让企业及时而准确地向潜在客户群传递自己的产品与服务信息,从而挖掘出更多的潜在客户,帮助企业实现更高的转化率。

(五)直播

近几年,直播这种传播方式已深入人心。作为一种新的信息传递媒介,直播是一种可以实现互动的社交方式,我们已经进入了"直播时代"。越来越多的企业开始通过直播这种全新的娱乐营销方式来获取企业流量、凝聚人气,直播已经成为一种炙手可热的营销模式。直播最为直观的特点是没有固定场所,可以随时随地进行直播,这对民宿的营销来说是极为有利的。

花椒直播、小米直播、一直播、优酷直播……随着自媒体的发展,直播的平台也越来越多。每一个平台都有自己的特色,企业在进行直播营销时,关键就是要找到一个适合自己的平台,让企业内容能够精准投放。

二、自媒体推广的操作路径

(一)精准布局

1. 选择平台,搭建架构

自媒体平台越来越多,与自媒体相关的工具也日趋完善,由智能设备、网络、手机、移动媒体等构成的媒体新格局正逐渐形成(见表7-1)。正如前文所述,由于民宿的资金、人力资源的限制,民宿选择合适的平台尤为重要。

表7-1 民宿可搭建的新媒体架构

平台	自媒体品牌
微信平台	公众号、个人号、微信群、微信广告资源
微博平台	企业官微、微博广告资源
问答平台	知乎、豆瓣、果壳、百度问答、360问答
百科平台	百度百科、360百科、互动百科
直播平台	快手、映客、花椒直播、一直播

续表

平台	自媒体品牌
视频平台	抖音、美拍、秒拍、优酷
音频平台	喜马拉雅、蜻蜓FM
自媒体平台	头条号、一点号、凤凰号、网易号、搜狐自媒体
论坛平台	百度贴吧、民宿论坛等

2. 锁定受众和粉丝

目标客源是企业进行自媒体营销的核心。对民宿来说,锁定目标群体,找到民宿的目标粉丝,才能做好营销推广的工作。所以,民宿在进行自媒体布局时,要明确自己的目标客户,找到目标群体的痛点,细分市场,不断用活动与服务来积累粉丝,然后加强与粉丝之间的互动,让自己的自媒体品牌对粉丝产生吸引力,最终做好民宿的自媒体布局工作。

3. 建立自媒体运营团队

对于自媒体营销来说,建立一个专业的自媒体团队是民宿自媒体发展得更好的关键。只有用团队的智慧打造一个强势的自媒体,才能组建出一个好的自媒体团队。在民宿自媒体营销的过程中,需要优秀的专业负责人、文案编辑、美工、IT支持者等,共同打造一个优质的自媒体团队。对于单体小规模的民宿,可采用招募志愿者或兼职人员的方式,优点是可使自媒体的内容常换常新,缺点是不可避免地致使其风格难以维持一贯性。

(二)彰显情怀

1. 使粉丝群体认同民宿情怀

简单来说,民宿的情怀是获取群体认知的重要手段,也是群体所有的情绪感受。民宿建立了情怀,会使群体的认同感大幅增强。民宿要做好自媒体营销,还要抓住粉丝群体的情怀。要从目标客源需求出发,从目标客源爱好着手,跟随目标客源的追求,适应目标客源的口味,努力接近目标客源,进而满足目标客源的情怀。这样,才能在目标客源的心中树立起有情怀的民宿品牌形象。

2. 让品牌和故事结伴传播

民宿客源对故事一般都有格外偏爱的情绪。故事作为传播声誉的有效工具,是口碑传播中情感营销的有力武器。它类似于事件营销,为产品赋予了一个有着深厚底蕴的文化故事。让目标客源产生更好的感受,才能在目标客源的心中树立起有情怀的民宿品牌形象,做好民宿的营销工作。

3. 提供周到的服务

值得注意的是,要想树立有情怀的民宿品牌形象,就必须将各项基础工作做得非常细致、到位,并持之以恒。只有产品与服务水平超过消费者的期望,才能得到他们的推崇和宣传。而领先于竞争对手或别出心裁的服务与举措,更会让消费者一边快乐地享受,一边绘声绘色地传播。

(三)内容为王

自媒体营销,顾名思义,就是利用互联网技术,通过互联网进行营销和宣传。在自媒体营销的过程中,民宿要想得到更好的发展,应该创作一些高匹配度的好内容。

在自媒体营销中,手段只是促进营销的一种方法,营销推广的核心任务还是提供信息,让目标客源了解到关键信息,从而达到促进引流的目的。民宿的自媒体推广一定要将内容作为营销的核心,而不是过分追求方法的独特,否则无异于缘木求鱼。

1. 关注目标客源所关注的,具有敏感度

在自媒体运营中,敏感度高的人会紧紧跟随目标客源的兴趣点。只有紧跟目标客源的兴趣点,提供他们希望关注的、想要了解的内容,才能更好地吸引目标客源的兴趣。要跟随目标客源的关注点进行营销,就必须做到善于提供目标客源想要关注的内容、敏于捕捉热点内容。通过提供目标客源关注的内容增加目标客源黏性,同时抓取一些有价值的内容提供给他们,这是赢得目标客源的制胜法宝,也是创作高匹配度的好内容的关键。

2. 有价值的内容才值得阅读

想要让目标客源关注你,必须让自媒体的内容有价值。为目标客源提供价值,才能让目标客源感到你是值得被关注的。对于目标客源来说,你的内容要为他们提供好的想法和经验,为他们提供启发和指导,能够使他们获得新技能、增加新知识、扩展新视野,甚至能够在心理和精神上激励他们。民宿必须利用自身所在领域的优势,为目标客源提供他们所需要的,而且是在其他平台上不容易获得的具有自身特色的内容。

3. 具有新鲜感的文章

在自媒体时代,人们期待的是从自媒体上看到不一样的新东西,获得新内容和新鲜感。你不能让目标客源感觉到无趣。做自媒体营销,内容就要做出新鲜感来吸引目标客源的目光,使他们主动打开你的内容,关注你。自媒体内容拥有了新鲜度,往往也就拥有了优势。内容的新鲜感关系到你是否为目标客源创造了一个可阅读的区域,也关系到目标客源能否在你的自媒体中找到一种阅读的趣味性和归属感。

4. 做到简单而不乏味,规矩而不死板

能够吸引目标客源的自媒体内容,一定是符合目标客源口味的内容。好内容是吸引目标客源的开始,要进一步让目标客源活跃起来,还需要在自媒体内容中有技巧地添加一些给目标客源带来利益的内容。例如,将产品以优惠的方式隐藏在自媒体平台上进行营销。要想创作高匹配度的好内容,就要在构思内容时做到简单而不乏味,规矩而不死板。还要学会适当进行利益推动,用利益调动目标客源的胃口,让目标客源活跃起来,引导他们在自媒体上进行互动,为民宿自媒体创造利益。

5. 高匹配度就是提供原创的内容

做自媒体等于做品牌,必须有原创性的内容,以体现自己的风格。要想留住目标客源,原创性的内容相当重要。自媒体做内容,就是通过为目标客源提供内容服务,用好的内容来吸引更多的目标客源关注。用内容增加目标客源的黏性,把他们长期留在自己的平台上,从而为自己创造更大的商业价值。坚持原创,但是也要放开眼界,不能

闭门造车。只有学会整合外部信息,才能增加平台的吸引力。

6. 好内容要有好标题

如今,自媒体已经全面爆发,目标客源每天都会被大量的信息狂轰滥炸,产生了一定的视觉疲劳、心理疲劳,很多时候会忽略企业的营销内容。这时候,标题的重要性就不言而喻了。对于企业自媒体来说,要想让营销得到更多目标客源的关注,就需要从标题入手,提炼出内容的亮点,让标题"亮"起来。那么,如何撰写一个好的标题呢?可以从以下四个方面着手。

1)标题与热点、求知信息相关

标题作为影响目标客源阅读的一个重要因素,在很多时候,需要借势、蹭热度来吸引读者。那些备受关注的名人、社会热点是让读者有阅读文章的兴趣的关键。同时,文章的标题要能够联系当下的热点文化、事件和话题。标题务必和文章的主题相联系,切不可生搬硬套和多用滥用,造成文不对题的结果,否则是很难产生好的营销效果的。

在构思标题的过程中,民宿也可以根据产品的特点来满足目标客源的求知欲。可以把解决问题的秘诀融入子标题中,提供给目标客源看,帮助目标客源来解决问题。这样既能让目标客源获得新知识、新技能,同时也能提高目标客源的关注度。

2)标题可以选择量化的数字

数据时代,很多目标客源在浏览信息时对数字都较为敏感。相比全是文字的标题,带有数字的标题更能吸引目标客源的目光,具有更强的表现力。当然,对于文章的作者来说,用量化数字的标题也能够完整清晰地表达出作者的意思。可以通过标题直接明了地将内容概括清楚,让目标客源快速理解内容。

3)用目标客源关注的关键词来做标题

互联网时代,搜索引擎已经成为人们了解信息的一个重要渠道。民宿要想让标题吸引目标客源,就要采用针对性的标题。要总结目标客源群的特点,用点名式标题,或者将目标客源群关心的、关注的关键词放在标题之中。

4)幽默中带有赚钱、省钱话题的"有利"式标题

在现代社会中,人们的工作压力是非常大的,也希望可以多赚钱、省钱。人们在浏览信息的时候,也想要释放生活压力,放松心情,这就需要民宿以幽默为话题来撰写标题。例如,可以通过自嘲、卖萌、提问的策略来让标题变得活泼起来,让人充满斗志和希望,愿意去读。

(四)持续输出

保持自媒体内容的持续更新,可以让目标客源在自媒体强大的推荐机制下持续接收民宿主想传达给客户的信息,并且一直在进行更新的自媒体且内容优质才会让目标客源保持关注。如果自媒体很久才更新一篇,目标客源从自媒体这里获取不到民宿的新信息,就很难让其继续关注,民宿就达不到想要的营销效果。

另外,建立民宿自媒体的过程,不是简单的单向输出内容环节,而是一个双向的互动环节。它不仅仅是一个发布有趣文章、精美图片的过程,它还有一个重要的社群属

性。社群,简单来说就是一群人因某个相同的价值观、爱好而聚集在一起,具有社交的属性。社群是早就存在的,因为人们都需要朋友,需要和志同道合的人一起交流、学习,进行资源共享等。建立社群的过程,其实就是要找出这一群人的共同点,然后让他们聚集起来。

因此,民宿要将自媒体作为一个可以让民宿和民宿客户、目标客户甚至是潜在客户进行互动的平台,保持持续输入,高频互动,让自家的自媒体"活"起来。

任务四 线上平台推广

对于民宿的运营者而言,深入了解民宿的获客渠道,畅通所有的获客渠道,分别掌握各个渠道的特点并选择适合自己的方式才是保证客源的重要工作。

民宿的客源结构按照客人的来源进行划分,可分为三种类型:自来客、关系客、OTA平台客源。自来客指的是来自民宿自营渠道的客源,如自媒体引流的客源;关系客大多是民宿主的人脉圈或者民宿社群粉丝转介绍的客源;OTA平台客源,即通过OTA平台预订的客源。由此不难发现,民宿的主要客源均来自(自有或是第三方)平台,选取适合自己的平台是运营的关键节点。

如前文所述,虽然自媒体的门槛较低,但想做好并不是一件容易的事情。对于大多数民宿来说,规模都是小体量的,也就是客房数在10间以下。民宿由于自身体量小的特点,几乎决定了不可能面面俱到占有所有平台的资源,单纯靠自有平台来达到满意的客房销售是较为困难的,运营成本也可能超出合理的范围。因此,借助第三方线上平台就是一种更有效、成本较低的引流方式。其中,OTA是主要的线上渠道,一些被大众所熟知的OTA平台,包含Airbnb、小猪短租、去哪儿、携程、同程艺龙、淘宝、游天下、58同城等,都是以预订功能为主的引流平台。

一、线上推广平台的模式

(一)纯预订平台模式

纯预订平台指的是只为民宿主和客人搭建沟通、预订和交易的平台,如Airbnb以及国内的小猪短租、蚂蚁短租、游天下、美租网等都是这种模式。预订平台主要通过向民宿收取交易佣金盈利,这种模式的特点是轻资产化,可辐射的范围较大,缺点在于难以对服务品质实现有力的把控。

(二)自建平台模式

自建平台是将包租来的房屋整改成民宿产品提供给用户,线下服务和运营全部由专业的预订平台来完成,这是一种比较传统的非标准住宿运营模式,它具有丰富的房屋租赁和管理经验,缺点是线上平台获客能力相对不足。

(三)"预订+自建平台"模式

"预订+自建平台"模式的代表企业包括HomeAway、途家等,这些企业既做交易平台,同时介入线下民宿的管理,不但建立自营品牌,还为异地民宿主提供入户管家服务和托管服务。其盈利的来源是向民宿收取交易佣金和托管费。

(四)"预订+增值服务"模式

"预订+增值服务"模式的代表企业是去哪儿网旗下的去呼呼,它不仅是一个民宿产品的销售平台,还提供信息管理系统和智能门锁,帮助民宿主通过物联网远程管理自己的民宿客房。其研发了一年多的智能门锁是它的核心竞争力,消费者可以通过"一客一密码"的方式,凭密码、身份证甚至是公交卡打开房间,为消费者提供了更好的安全保障。

(五)合作派单模式

合作派单模式是介于自营业务和平台业务之间的模式,既拥有自己的民宿产品,也拥有民宿主的房源,但不同于"预订+自建平台"模式的是,这种模式会向民宿主的产品植入标准化内容,即消费者在线上检索到的民宿客房已经是完成标准化配置的房间。如安途短租是合作派单模式的典型代表企业,它通过标准化配备方案和培训,帮助民宿主销售房间,同时收取12%—15%的交易佣金。

二、目前具有代表性的线上平台

市场上的线上平台,呈现"3+1"的格局,按照资金背景可以分为四个大的体系,分别是携程系、美团系、阿里系和国外系。在四大体系的基础上,按照服务的商家的特点不同,可以分为主力网站和专业网站。携程系的主力网站是携程、去哪儿和同程艺龙,专业网站是途家。美团系的主力网站是美团和大众点评,专业网站是美团民宿。阿里系的主力网站是飞猪,专业网站是小猪短租。国外系的代表是Airbnb。

(一)携程系

携程针对的是中高收入群体,有固定工作和稳定收入,度假时间短,消费水平相对较高。去哪儿也是国内比较早的一批网站,价格较低或者折扣力度更大。同程艺龙绑定了微信,可从中直接预订,锁定了一大批中老年群体。携程系三家网站同一后台操作,商家使用起来比较方便。

途家既有自己单独的网络系统,又在携程主力网站中有链接端口。途家也开始从线上走向线下,大量收购房源,亲自操刀,有了自己的线下实体店。上线途家的房东一定要了解当地的情况,在有途家自营店的地区,都会优先推荐自营房源。

（二）美团系

美团朝着越来越综合的方向在发展，除了餐饮、外卖，近几年在酒店预订行业迅速占领了一席之地。美团系主力网站包括美团网和大众点评网，美团民宿是专业网站。

美团的酒店预订面对的客户群体普遍偏年轻化，对硬件的要求不高，不会一味追求豪华的环境，收入和消费水平不高，倾向于高性价比。在服务方面，愿意以平等的身份和民宿主进行分享交流，容易被感动，乐于接受与自己成长和梦想有关的一切。

大众点评是起步较早的餐饮点评网站，有一大批"80后""90后"的客户，但由于习惯和代际等原因，在预订房间时偏向于使用去哪儿等，客户资源较少。但是大众点评对于美团的综合评分十分重要。

美团民宿也是为了应对细分市场的竞争而独立起来的渠道，起步晚，对应的客户群体也是年轻一代的时尚、便捷住宿追求者。

（三）阿里系

阿里系的主力渠道是飞猪，民宿市场渠道是小猪短租。飞猪目前的市场份额不大，客户群体不够明晰。

小猪短租用户规模相比其他平台较小，流量也相对较小。用户中以家庭出游的年轻人居多，适合房量少和城市民宿。

三、提升OTA订单量的策略

OTA订单量受到民宿曝光量、转化率和取消量三个指标的影响，其测算公式是：

$$订单量＝曝光量×转化率－取消量$$

曝光量是指在一定的时间内，客人在OTA平台上浏览某家民宿的次数。转化率是指产生订单的客人人数与所有浏览民宿的人数之比。取消量指的是订单被取消的数量，包括线上取消订单量和预订未到的订单量。

（一）曝光量

一般来说，影响民宿在OTA平台曝光量的因素有排名、营销活动、筛选入口、价格和房态等。

1. 排名

当客人搜索目的地相关民宿时，面对OTA平台上海量信息，总是没有足够的耐心看完所有的民宿。排在首页的民宿被客人看到的概率更大，其获取的流量也就更多。影响民宿在OTA平台排名的因素主要有以下几个。

（1）销量：同一时期内，销量越多，越有利于排名靠前。

（2）点评：点评数量越多，分数越高，越有利于排名。

（3）订单确认速度：从消费者下单到客栈确认接单之间的时长越短，越有利于排名。

(4) 与网站的深度合作：如携程的金银牌商家、去哪儿的金冠商家与网站的合作越多，排名越靠前。

(5) 信息完整度：客栈民宿信息的完整度越高，排名越靠前。

(6) 活动参与度：各大OTA上有各类促销活动，积极参与此类活动，会提升民宿的排名。

(7) 佣金：一般来说，佣金越高，排名越靠前，但是佣金对于OTA排名影响不明显。

(8) 保留房数量：保留房是OTA直接可以确认给客人，无须经过民宿同意的客房。民宿设置一定比例的保留房给OTA，可以提高预订率及排名。

(9) 拒单率：及时掌控房态信息，尽量不要出现拒单情况。

上述因素中，不同的平台对每一项因素赋予的权重比例并不一样，OTA平台会根据自身规则计算出来民宿在上述各方面的综合得分。当民宿的评分达到一定条件后，即可获得相应服务等级，评分越高，等级越高，获取的流量也就越大。值得注意的是，各大OTA平台也会不定期地调整规则，需要民宿及时关注，做好与平台的沟通。

2. 营销活动

各OTA平台开发了多种营销工具，推出了各种促销和优惠活动。民宿可以根据自身的实际情况，选择参加几项活动，在站内进行推广，提高曝光率。

3. 筛选入口

在搜索目的地民宿时，有些客人的预订诉求是相对明确的，而有些客人的预订诉求相对模糊。

诉求明确的客人会在搜索框内输入关键词进行搜索，如地标、设计风格、房型、设施设备、出行场景、景观、等级等。民宿主可针对自己的特色多添加一些标签，确保民宿尽可能地多覆盖多个筛选入口，以此来提高曝光率，引导客流量。

对于非明确诉求用户，各OTA平台设置了很多专题板块和榜单，如网红民宿、必睡清单、名宿品牌馆、美宿、榜单、精选等，属于特别的流量推荐。民宿可以研究各板块和榜单的入选规则，争取更多的曝光机会。

4. 价格

客人在OTA平台预订民宿时，很重要的一个筛选指标是价格。如果客人选定了某一价格区间，那么范围外的民宿将会被屏蔽，得不到曝光的机会。因此，民宿可以参考各平台上的价格带，对不同房型设置梯度价格，尽量占领需要的价格区间。

5. 房态

关房会造成推荐民宿排名靠后。如果不是满房或其他特殊情况，建议民宿不要关房，可以通过提高房价或者入住天数等其他方式来达到关房的效果。

（二）转化率

转化率包括两个部分：点击转化率和订单转化率。

1. 点击转化率

点击转化率是指浏览曝光列表页时，客人点击进去浏览民宿详情的概率。需要注意如下因素的影响。

(1) 首图：客人浏览房源时，在列表页首先看到的就是民宿的首图，这影响着客人的第一印象。首图越吸引人，客人点击进入页面概率就越大。首图应突出民宿的特点和卖点，与周边的民宿产生明显的差异化，外观图是首选。有些OTA有视频展示功能，民宿应充分利用视频，生动全面地展示民宿的特色。

(2) 基础信息：包括名字、级别、地理位置、优惠信息等。民宿在描述基础信息时应精练、重点突出，以提高客人浏览的效率，避免消耗客人的耐心。

(3) 评论分数及评论总量：评分已得到酒店等标准业态的高度重视，评论总量越多，分数越高，客人认可度越高，转化率越高。作为非标准化的民宿，更应重视网络客人的评价，因为非标准化的特征会在一定程度上让客人存在顾虑，好的网络评价能够帮助客人消除顾虑。

(4) 最新预订情况：最新预订时间与搜索时间越近，越有利于增加预订量。

(5) 最低价格：最低价格要符合客人心理预期价格。

2. 订单转化率

订单转化率指的是由详情页浏览到订单页浏览并提交订单的概率，其高低决定着订单预订数量。需要注意如下因素的影响。

(1) 图片质量：上传高清图片，构图要美观。

(2) 房型：客房名字、图片、各个渠道的价格。

(3) 设施概况：简介、接送服务、设施服务。

(4) 点评：点评分数及差评占比都会影响转化率。

(5) 预订流程：淡季期间，取消限制条件，如全额担保。

（三）取消量

取消量包括网上取消量及有预订实际未到量。

(1) 制定取消政策，旺季时提高取消门槛。

(2) 及时确认订单。网络订单一般会通过多种方式提醒，如电话、邮件、短信、微信、后台提示等。收到提醒后，第一时间根据房态信息进行确认。

(3) 订单确认后，及时打电话和客人沟通，解答客人的疑惑。

(4) 在客人到店的前一天，再次联系客人。如有取消，立即开房再卖，减少损失。

任务五　KOL 营 销

一、KOL营销概述

（一）KOL营销的内涵

KOL是Key Opinion Leader的简称，意思是关键意见领袖，它是营销学中的一个概念。20世纪40年代,美国知名学者保罗·拉扎斯费尔德提出了影响深远的概念——意见领袖。他认为,当信息与观点在媒介上进行传播时,那些对信息与观点予以积极接受且进行传播的一部分受众被叫作"意见领袖",而另一部分受众在接触这些"意见领袖"后会改变自己的行为。

在社交媒体兴起之前,大众的意见领袖主要是一些名人,他们深刻影响了大众的审美爱好,也成为品牌与消费者沟通的主要路径。社交媒体崛起催生出的新群体KOL较之名人来看,与消费者的距离更近了,且两者之间分享的内容也更加真实了。它充分发挥了社交媒体在覆盖面广和影响力大等方面的优势。此外,KOL与其粉丝在价值观方面都很接近,粉丝的黏性很强。KOL的推荐信息是带有光环的,粉丝们也会认真细读并点赞,品牌可以借助KOL对其粉丝的影响力来实现其营销目标。KOL营销应运而生。

KOL营销也就是指将关于品牌的软广告或硬广告信息通过在某些特定的领域具有强大影响力的人物来发布,以帮助建立品牌及产品与受众的联系,并实现互动,由此来提升品牌的推广计划的可信度,增强品牌属性,并获得潜在客户。近几年,品牌越发重视与KOL的合作,不再把它看作是"一次性"的营销手段,而当作一种长期的营销策略。

同步案例

那些爆火的文旅局长们,给当地都带来了什么?

最近,黑龙江省塔河县文旅局长都波因为一则短视频意外走红。视频中,都波身穿鄂伦春族传统服饰,在白雪皑皑的森林里为当地美景代言。

据介绍,十几秒的短视频拍摄了将近两个小时。零下20多摄氏度的天气里,冻得都波胳膊发麻,拍摄结束后,都波足足喝了两大壶姜汤。看得出来,为了宣传家乡,局长很拼也很用心。

有网友评论:"现在没点才艺,都当不了文旅局长。"

1.当文旅局长开始"频秀才艺"

随着短视频平台的火爆,近年来,文旅局长们亲自下场,为当地旅游业代言的案例屡见不鲜。

早在2020年,时任新疆昭苏县副县长的贺娇龙,一身红衣、策马雪原的视频在互联网上圈粉无数。2021年,四川省甘孜州文旅局长刘洪以"笑傲江湖"变装视频在网络上广受好评。2022年,湖北省随州市文旅局长解伟为宣传当地美景,以古装造型亮相,意外"出圈"。

不仅如此,四川省还推出了"文旅局长说文旅"系列主题营销活动,鼓励大家自觉担当本地文旅宣传推广大使。甘孜州道孚县文旅局长降泽多吉也因此而走红。他在"说文旅"的短视频中以一段英语自述惊艳开场,随后变换四个不同的身份，带领网友穿越时空，体验道孚独特的文旅资源。降泽多吉也成为继刘洪之后，甘孜州又一个"出圈"的文旅局长。

看着局长们如此卖力地工作，也有网友问："出圈的局长，到底给当地带来了什么样的改变？"

2. 火了的局长，给当地带来点啥？

2021年，贺娇龙正式到任伊犁州文旅局副局长。履新之后，她继续利用自己的影响力，通过短视频和直播，为新疆伊犁的农产品做推广。据媒体2023年初报道，贺娇龙直播带货农副产品销售额已经突破了2.1亿元，带动当地直接就业2300多人。不仅如此，早在昭苏县时，她还在民政局注册了"贺县长说昭苏公益团队"，直播带货的打赏和佣金全部用来做公益。

线上的流量，也带动了线下旅游业的发展。通过刘洪的短视频，更多网友认识了美丽的甘孜并慕名前往。"蓝色星球上最后一片净土"稻城亚丁、"异域星球"墨石公园、"天空之城"理塘等，都成为网络上人气极高的旅行打卡点。

甘孜藏族自治州文化广播电视和旅游局网站公布的数据显示，2023年春节假期，全州共接待游客45.66万人次，实现旅游综合收入50224万元，较2022年同期分别增长106.33%和107.42%。

而旅游资源并不算丰富的湖北随州，受到解伟局长"出圈"的影响，也在春节期间交出了一份亮眼的旅游成绩单。解伟此前在接受媒体采访时表示，2023年春节，随州境内的炎帝神农故里、大洪山、西游记公园等景区都实现历史最高的游客纪录。解伟还给自己定下一个"小目标"：2023年我们主要是提升旅游的综合服务品质，打造全方位的旅游生态，要用数据说话的话，就是相比2022年至少增长150万的游客量，提升10亿元左右的旅游收入。

3. "局长效应"，能否持续？

在移动互联网高速发展的今天，网络无疑是快速获取流量的便捷通道。而国内巨大的文旅市场，也给了各地的局长发挥创作才能的空间。可以预见的是，未来还会有更多的文旅局长出现在大众视野。

北京京和文旅发展研究院院长、中国文化产业协会副会长范周在接受媒体采访时分析，文旅局长做短视频、做代言人，这是一个好的现象，说明文旅局长们也可以身体力行，为所服务的景区文化项目做推广工作。

事实已经证明，新媒体营销的确可以成为拓展游客的有效渠道，甚至也能为乡村振兴注入流量。但旅游业的复苏和发展，除了宣传与推广，更重要的还是规范市场、提升服务质量。

正如降泽多吉所说："火了之后我们感受最深的就是'压力山大'。我们更应该关注旅游基础设施的提升，更应该关注旅游服务质量的提升。"

如何留住游客，将"头回客"变成"回头客"，或许是文旅局长们需要思考的下一个问题。

（资料来源：央广网．那些爆火的文旅局长们，给当地都带来了什么？）

[DB/OL].(2023-02-24)[2023-3-20].https://travel.cnr.cn/dsywzl/20230224/t20230224_526163301.shtml.

（二）品牌与KOL的细分合作类型

目前,品牌与KOL的合作主要有三种类型。

1.资讯类

品牌相关的新闻资讯通常会通过资讯类博主进行分发,以增强资讯曝光。

2.产品类

品牌通过选择名人拍照、KOL推荐,以及博主个人优惠码等方式来推广具体产品。这类合作是通过"带货能力"来作为关键衡量标准的。

3.形象代言类

品牌不但与KOL在资讯和产品方面开展小规模合作,也越发重视与KOL的形象合作,即品牌邀请KOL来担任代言人或拍摄形象广告片。

二、KOL营销模式

（一）聚焦型营销模式

聚焦型营销模式指的是利用垂直类KOL的影响力在特定领域内专注于关键人群进行的营销活动。垂直类KOL的定位调性具有一定的专注性和专业度,在垂直范围内搭建KOL矩阵进行营销推广可以使推广活动更具集中性。以销售转化为主的聚焦型营销模式目标清晰,为特定的消费群体提供其需求范围内的特定产品。品牌方可以根据产品的特点和营销目标选择合适的垂直领域KOL。垂直领域KOL的受众大多一致,自身定位有细微差别,品牌方可以根据不同平台的风格以及KOL的自身特点定制不同的营销内容和表现形式进行产品推广活动。品牌方在策划KOL营销活动时需要注意两点：一是KOL的选择应以垂直领域为主,尽量规模化,以覆盖更多垂直领域下的不同粉丝群体；二是KOL的推广内容需要相互具有差异性,不同KOL的内容需要个性化定制,避免同质化内容集中曝光,使用户反感。

（二）扩散型营销模式

扩散型营销模式指品牌方首先需要制定阶段化营销策略,通过"预热—引爆—持续扩散"的执行节奏,不断扩大营销活动声量。在预热期,品牌方及平台推出互动话题,利用名人KOL的粉丝基础和影响力,选择数位名人KOL引发关注,增加营销活动的曝光度；在引爆期,品牌方联合名人KOL策划线上互动和线下活动,制造营销爆点,搭建中长尾KOL矩阵,全渠道分发扩散互动话题,引爆话题讨论；在持续扩散期,品牌方利用名人KOL自身热度,持续为营销互动带来流量,通过垂直领域KOL发布深度内容,进一步传播营销诉求,实现二次传播。推广平台继续打造热点话题,注重挖掘话题点的互动性和可创造性,进而加大其二次传播的价值。

（三）功能型营销模式

功能型营销模式是指品牌方首先根据整体营销诉求梳理各个环节的关键目标，选择搭建多领域KOL矩阵共同发声，覆盖更大的范围受众群体，再分别对应制定KOL选择和内容策略。通常选择对应领域的垂直专业类KOL，通过深度内容与粉丝沟通，结合互动话题，侧重选择粉丝活跃、内容生产力强的泛娱乐类KOL。KOL在线上话题传播的基础上尝试更多创新内容形式，如线上线下联动等，通常选择时尚类等有消费号召力的KOL，结合线下活动进行导流。不同环节的KOL营销之间需要保持一定关联度，以免用户接受营销信息过于分散而出现偏差。

三、KOL营销策略

（一）选择合适体量和类型，搭建有机KOL营销矩阵

选择合适的KOL是KOL营销中非常关键的一个环节，除了要抓准KOL背后黏附的目标粉丝群体，如何整合不同体量和类型的KOL，搭建有机联动矩阵，最大化传播效果，也是非常重要的营销策略。从体量视角来看，头部KOL引流价值更大，腰部KOL性价比更高，而长尾KOL在内容分发和扩散上具有不可忽视的价值。从类型视角来看，名人类KOL更加适合话题引爆，垂直类KOL更加适合深度内容解读，而泛娱乐类KOL则更适合营销信息的分发传播。

（二）结合人设、粉丝、热点匹配，选择最佳合作名人类KOL

在所有KOL类别中，负责话题引爆的名人类KOL在影响力表现和营销价值上极为显著，同时其营销成本和风险性也更高，因此选择合适的名人类KOL显得尤为重要。通常来说，在明星类KOL选择过程中，主要是将营销目标与名人人设、粉丝画像和热点动态三个方面进行匹配，进而筛选出更加合适的名人KOL进行营销合作。值得注意的是，由于名人类KOL在整个营销传播活动中起到关键性作用，因此选择到合适的明星后，后续的媒介选择和策略选择也需要充分考虑名人自身的特征和意愿，进而达到更好的营销效果。

（三）厘清营销目标和诉求，选择合适的媒体平台

选择合适的KOL之后，再确定一个或多个合适的媒体平台也同样重要，KOL选择策略更多基于粉丝属性和个人人设，而媒体选择的标准则更加关注品牌方自身的营销目标。一方面，不同媒体平台内容形态和互动形式等特征不同，其擅长的营销策略也有所差异；另一方面，同一媒体平台的不同功能模块和场景，适合的营销目标也不一样。因此，要找到合适的媒体平台，厘清自身的营销目标和诉求是关键，KOL营销目标通常主要可以分为信息传播、粉丝沟通和销售转化三大类别，不管是总目标还是阶段性目标，都可以分别找到对应的媒体平台和场景（见表7-2）。

表 7-2　典型 KOL 营销媒体平台解析

平台名称	平台类型	平台特征	KOL 类别特征	代表形式
新浪微博	微博	表达场景特征,用户二次扩散氛围浓厚	综合类,其中名人 KOL 资源较多	话题讨论
微信	即时通信	表达场景特征,适合深度信息传播	综合类	内容植入
抖音	短视频	表达场景特征,视频承载内容丰富,趣味性强	以泛娱乐 KOL 为主	创意视频
映客	网络直播	互动场景特征,可实现 KOL 与用户的实时沟通	以泛娱乐 KOL 为主	内容植入、定制活动直播
小红书	内容电商	消费场景特征,用户购物目标明确	以购物、美妆达人为主	商品推荐和种草
喜马拉雅	音频	消费场景特征,社区用户付费习惯较好	以垂直领域专业 KOL 为主	内容植入

(资料来源:上海艾瑞市场咨询有限公司《艾瑞咨询系列研究报告》,2019年第3期,《中国 KOL 营销策略白皮书 2019 年》)

思政园地

途家美宿家:创新营销策略 打造口碑传播矩阵

琳琅满目的营销创意能否真正打动目标人群?居高不下的营销投入能否实现最大限度的转化?产品迭代过程中如何合理地均衡匹配用户体验和商业价值?这些都是困扰企业已久的问题。途家美宿家正是为了解决民宿行业的这些营销问题而诞生。

途家民宿面临的痛点是在 B 端行业内的知名度较高,在 C 端消费者知名度不够。该项目为提高 C 端宣传应运而生,解决 C 端传播的内容短缺和渠道精准化多元化传播需求。

途家美宿家项目于 2018 年正式发起,是业内第一个网红口碑传播社群,拥有 1000 位网红,粉丝 70 万左右。"美宿家"的概念相对于"美食家",是对民宿有很高品位和鉴赏能力的达人,愿意分享与挖掘更多的漂亮民宿与风土人情。

途家民宿通过策划各类活动和日常运营,引导和带领"美宿家"通过各平台(微博、微信、抖音、小红书、穷游等)分享围绕民宿为主的美好生活,立体打造优质民宿口碑传播矩阵,倡导发现旅居中的美好,与"美宿家"达到互惠共赢的局面。

途家美宿家项目迄今为止已和国内多家民宿合作,通过"美宿家"的传播,打造出一批如"我宅""馨庐""梧桐民宿"等网红民宿;与河南、陕西、新疆、四川等地方文旅厅或文旅集团深度合作,推广当地文旅和民宿资源,都获得了相当不错的反响;与今日头条、腾讯、《人民日报》、微博、穷游等媒体或企业活动合作,打造爆款活动项目用以扶植"美宿家"。

途家美宿家项目是行业的一次创新型营销案例,创新点在于:首先,"美宿家"是行业内第一个类似于MCN(Multi-Channel Network,多频道网络)运营的网红口碑传播社群,构建企业私域流量,覆盖网红1000人;其次,"美宿家"为双重传播,是最大化网红传播。"美宿家"利用自有平台(微博、微信、抖音、小红书、马蜂窝、穷游、搜狐、网易等)进行传播,素材版权归途家所有,途家进行全媒体二次曝光,预计曝光量超过1000万。

资料来源:

1.凤凰网.2020年博鳌国际旅游奖报奖案例介绍[DB/OL].(2020-11-08)[2023-03-31].https://travel.ifeng.com/c/81EbcVQNOZP.

2.中国新闻网.途家美宿家:创新营销策略 打造口碑传播矩阵[DB/OL].(2020-12-03)[2023-03-31]. https://k.sina.com.cn/article_1784473157_6a5ce645020022dta.html.

项目小结

1.介绍了影响民宿定价的因素,阐述了不同导向的定价方法。
2.阐述了民宿品牌的构成与传播流程,分析了民宿品牌构建的策略。
3.介绍了自媒体平台的类型,阐述了自媒体推广的操作路径。
4.阐述了线上推广的模式,介绍了具有代表性的线上平台,分析了提升OTA订单量的策略。
5.介绍了KOL营销的内涵、类型及模式,分析了KOL营销策略。

项目训练

一、知识训练

1.请解释民宿定价的方法。
2.请阐述民宿品牌构建的策略。
3.请阐述自媒体推广的操作路径。
4.请阐述提升OTA订单量的策略。
5.请阐述KOL营销策略。

二、能力训练

1. 假设一家拥有20间客房的城市民宿邀请你负责民宿营销与推广工作,你会选择何种营销推广方式?拟定何种策略?为什么?

2. 民宿在不同的运营阶段是否应该采用差异化营销推广策略?分别是何种策略?请谈谈你的观点。

参考文献
References

[1] 陈雪钧,马勇,李莉.酒店品牌建设与管理[M].重庆:重庆大学出版社,2015.
[2] 成旺坤.自媒体时代我们如何玩转营销[M].北京:中华联合工商出版社,2020.
[3] 邓良柳.社交媒体时代民族文化旅游品牌营销的新路径:KOL营销[J].贵州民族研究,2019(1).
[4] 洪涛,苏炜.民宿运营与管理[M].北京:旅游教育出版社,2022.
[5] 刘荣.民宿养成指南[M].南京:江苏凤凰科学技术出版社,2018.
[6] 搜狐网.国内三大主流民宿预订平台:途家、木鸟、美团测评,看完这篇就够了![DB/OL].(2022-10-28)[2023-03-18].https://business.sohu.com/a/600491687_114819.
[7] 吴文智.民宿概论[M].上海:上海交通大学出版社,2018.
[8] 徐灵枝,吴静,李超.旅游民宿运营实操手册[M].广州:广东旅游出版社,2021.
[9] 严风林.深度拆解20个经典品牌民宿[M].武汉:华中科技大学出版社,2020.
[10] 严风林,赵立臣.民宿创办指南:从0到1开民宿[M].武汉:华中科技大学出版社,2020.
[11] 杨彦锋,刘丽敏,李林霏,等.民宿管理与运营[M].北京:中国旅游出版社,2021.
[12] 央广网.那些爆火的文旅局长们,给当地都带来了什么?[DB/OL].(2023-2-24)[2023-3-20].https://travel.cnr.cn/dsywzl/20230224/t20230224_526163301.shtml.
[13] 於红梅.从"We Media"到"自媒体"——对一个概念的知识考古[J].

新闻记者,2017(12).

[14] 张慧雾,余正勇,陈兴.生活与生意:民宿人才培养的重要之维[C]//中国旅游研究院.2022中国旅游科学年会论文集:旅游人才建设与青年人才培养.[出版者不详],2022.

[15] 知乎网.民宿创业:民宿怎么获取客源流？这些平台一定要用！[DB/OL].(2022-07-12)[2023-03-18].https://zhuanlan.zhihu.com/p/540602759?utm_id=0.

[16] 祖长生.饭店收益管理[M].北京:中国旅游出版社,2016.

[17] 周瑶.自媒体时代KOL营销模式分析——以小红书为例[J].淮南师范学院学报,2022(1).

[18] 中国KOL营销策略白皮书2019年[C]//上海艾瑞市场咨询有限公司.艾瑞咨询系列研究报告(2019年第3期).[出版者不详],2019.

[19] 张琰,侯新冬.民宿服务管理[M].上海:上海交通大学出版社,2019.

[20] 江美亮.民宿客栈开店指南[M].北京:化学工业出版社,2021.

[21] 江美亮.民宿客栈怎样做——策划·运营·推广·管理[M].北京:化学工业出版社,2020.

[22] 龙飞,虞虎,等.编民宿管理与运营[M].北京:旅游教育出版社,2022.

[23] 伍卫军,阳淑瑗,赵永红.民宿安全管理实务[M].北京:旅游教育出版社,2022.

[24] 叶秀霜,章艺.民宿服务与管理[M].北京:高等教育出版社,2021.

[25] 魏凯,刘萍,杨诗兵.民宿管家服务[M].北京:旅游教育出版社,2022.

教学支持说明

为了改善教学效果,提高教材的使用效率,满足高校授课教师的教学需求,本套教材备有与纸质教材配套的教学课件和拓展资源(案例库、习题库等)。

为保证本教学课件及相关教学资料仅为教材使用者所得,我们将向使用本套教材的高校授课教师赠送教学课件或者相关教学资料,烦请授课教师通过加入旅游专家俱乐部QQ群或公众号等方式与我们联系,获取"电子资源申请表"文档并认真准确填写后发给我们,我们的联系方式如下:

地址:湖北省武汉市东湖新技术开发区华工科技园华工园六路

邮编:430223

旅游专家俱乐部QQ群号:758712998

旅游专家俱乐部QQ群二维码:

群名称:旅游专家俱乐部5群
群　号:758712998

扫码关注
柚书公众号